Dagobert Schwarz
sitzengeblieben

Dagobert Schwarz

sitzengeblieben

Deutschlands Bildung

- Nachdenkliches
- Satirisches
- Herausforderndes

 WESTKREUZ-VERLAG GMBH BERLIN/BONN

Dieses Buch ist allen Menschen gewidmet,
die sich um die Bildung unserer Kinder bemühen.

Titelbild: Rainer Jacobi

Bibliografische Information Der Deutschen Bibliothek

Die Deutsche Bibliothek verzeichnet diese Publikation in
der Deutschen Nationalbibliografie; detaillierte bibliografische
Daten sind im Internet über http://dnb.ddb.de abrufbar.

ISBN 3-929592-84-3

© 2005 Westkreuz-Verlag GmbH Berlin/Bonn
53902 Bad Münstereifel

Herstellung: Westkreuz-Druckerei Ahrens KG Berlin/Bonn
12309 Berlin

„In den deutschen Ländern noch
ein deutsches Schulsystem zu erkennen
fällt schwer"

Inhaltsübersicht

ERSTENS

Das Schulwesen ist Ländersache

Die deutsche Bildung im Abschwung	9
Das Versagen der Kultusminister	10
Der Kopftuchstreit und mögliche Folgen	23
Das Schulwesen ist keine Ländersache	34
Leben in Deutschland	44

ZWEITENS

Teilübernahme des Bildungswesens der DDR

Das DDR-Bildungswesen war nicht gewollt	46
Diskussionswürdiges aus dem DDR-Bildungssystem	50
Das DDR-Bildungswesen – ein Ideologieprodukt	63

DRITTENS

Bildungshemmnisse

PISA – Ende und Anfang der deutschen Bildung	73
Nach der Entzauberung der deutschen Bildung	86
Wie weiter? – Diskussionsansätze	94

VIERTENS

Aufbruch Ost – ein Schulbeispiel

Vorspann – ein deutscher Abituraufsatz 103

Das Überstülpen des westdeutschen Schulwesens 105

Schulneuanfang nach der Wende 109

„Wer zu spät kommt, den bestraft das Leben"
– Ein deutsch-polnisches Schulprojekt 113

„Du hast das Recht, grenzenlos zu denken" 117

Erste Europaschule des Bundeslandes Brandenburg 123

LETZTENS

Ich meine – ich wünsche – ich träume 136

ANMERKUNGEN 138

ERSTENS

Das Schulwesen ist Ländersache

Die deutsche Bildung im Abschwung

Beim Aufschlagen einer Tageszeitung vom 10. Oktober 2003 ist von den seinerzeit tagenden Kultusministern zu lesen:

„In den deutschen Ländern noch ein deutsches Schulsystem zu erkennen fällt schwer."[1]

Als Begründung folgt dann ihre Kritik, dass sich die Schulsysteme der 16 Länder inzwischen völlig unterschiedlich entwickelt hätten, was Familien beim Ortswechsel Probleme bereite. Das ergibt sich aus dem ersten Bildungsbericht für Deutschland der Kultusminister, die sich darin über *„schwerwiegende Fehlentwicklungen"*[2] beklagen. Ganz stolz waren da sicherlich der Bildungsminister aus Brandenburg, Steffen Reiche, und sein Berliner Amtskollege, der Bildungssenator Klaus Böger, weil sie bereits im September 2003 den Bericht einer gemeinsamen Bildungskommission über die Möglichkeiten der Angleichung beider Bildungssysteme vorstellten. Und beide bedachten sich dabei ausführlich mit entsprechenden Superlativen: *„Ein Standardwerk der Bildungsliteratur"*[3] nennt der eine den 271 Seiten umfassenden Bericht. Der andere ergänzt: *„Ein Kursbuch und ein Fundament für die Schulpolitik..."*[4] Sind die genannten Aussagen nun eine ehrliche Analyse oder geht es nur darum zu zeigen, dass eigentlich der Andere der „Schlechtere" ist?

„Die Schüler in Berlin und Brandenburg sollten mehr Deutschunterricht erhalten"[5], das ist eine der wichtigsten Empfehlungen der von den beiden Ländern berufenen Bildungskommission bezüglich des schlechten Abschneidens bei der PISA-Studie. Auf diese wird in einem anderen Kapitel noch ausführlich eingegangen.

Worum muss es nun eigentlich genau gehen? Vielleicht sollten folgende Fragen an den Anfang jeglicher weiterer Diskussionen gestellt werden:

- Welches ist die Hauptursache dafür, dass sich die Schulsysteme der 16 Bundesländer inzwischen völlig unterschiedlich entwickelt haben?
- Ergeben sich aus dieser unterschiedlichen Entwicklung die Ursachen dafür, dass die deutsche Bildung international gesehen nur noch dürftiges Mittelmaß ist?

Alle anderen Untersuchungen, Fragen, Antworten, Diskussionen, Selbstbeweihräucherungen sind erst einmal nur zweitrangig und dienen nur dazu, ob bewusst oder unbewusst, von den eigentlichen Problemen abzulenken.

Das Versagen der Kultusminister

Ein Ausgangspunkt für die aufgeworfenen Fragen könnte der Deutsche Einigungsvertrag sein. Nur er ist Grundlage dafür, was beide ehemals selbstständigen deutschen Staaten in die „Vereinigungs-Ehe" einbrachten. Ferner wäre, als quasi oberster Hüter des deutschen Volkes, das Grundgesetz (GG) der Bundesrepublik Deutschland besonders mit den Aussagen zum Schulwesen zu betrachten. Weiterhin sind die obersten Länderverantwortlichen für die Bildung, die 16 – wie nennen wir sie eigentlich, denn nicht einmal hier konnte man sich auf eine einheitliche Bezeichnung (Bildungsminister, Bildungssenator, Minister für…, Kultusminister) einigen – in der Ständigen Kultusministerkonferenz der Kultusminister der Länder in der Bundesrepublik Deutschland (KMK) zusammengefasst. Innerhalb dieser drei Ausgangspunkte Einigungsvertrag, Grundgesetz und Kultusministerkonferenz müsste eine Lösung für die Ursachen gefunden werden.

Das Rütteln an diesen drei Grundfesten wird sicherlich schon allein als ein ungeheurer Affront gegen die Demokratie angesehen. Wer, wie der ehemalige DDR-Bürger, vierzig Jahre lang eine Diktatur erlebte, dem muss gestattet werden, dass er mit der Demokratie manchmal noch seine Schwierigkeiten hat. Diese ergeben sich schon daraus, weil er schwer nachvollziehen kann, warum alles, was vorher schwarz, nein pardon rot war, nun auf einmal eine andere Farbe, welche auch immer, haben soll. Sein gesamtes erlebtes und gelebtes Leben sei falsch gewesen und deshalb seien alle seine Werte oder Wertvorstellungen genau so falsch. Und weil es hier sowohl um das Schulwesen, als auch um die Bildung geht, waren diese ebenfalls falsch. Sind das nicht beliebte Klischees?

Erstaunlich ist doch aber, dass nicht die DDR-Bildung auf dem Prüfstand der weltweiten Bildungsanalyse PISA und im ersten Bildungsbericht Deutschlands standen. Das muss auch jeder bundesdeutsche Demokrat bestätigen: Es waren internationale Vergleiche und eine nationale Untersuchung mit der bundesdeutschen Bildung. Nur diese lässt die KMK über solche richtigen Aussagen wie *„schwerwiegende Fehlentwicklungen"*[6] klagen. Und das beweist, die bundesdeutsche Bildung hat versagt, sie ist reformbedürftig. Aber das würde der Schwere der von den Kultusministern festgestellten Fehlentwicklungen nicht gerecht werden. Die deutsche Bildung muss vollständig umgekrempelt werden, weil sie durch das eigene Versagen auf der Müllhalde der internationalen und nationalen Bildungsgeschichte gelandet ist. Wer das noch immer leugnet, ist ein Ignorant und meint es mit der Bildung und mit dem vereinten Deutschland nicht gut.

Der Artikel 37 des Einigungsvertrags sagt konkret etwas zur Bildung aus. Unter anderem wird ausgeführt:

„Die bei der Neugestaltung des Schulwesens in dem in Artikel 3 genannten Gebiet erforderlichen Regelungen werden von den in Artikel 1 genannten Ländern getroffen."[7]

Da für das logische Verständnis der Gesamtproblematik Bildung eine nachvollziehbare Abfolge notwendig erscheint, werden im Weiteren entsprechend genannte Artikel teilweise mit herangezogen. Bezüglich des oben erwähnten Artikels 1 des Einigungsvertrags gilt die Aussage:

„*Mit dem Wirksamwerden des Beitritts der Deutschen Demokratischen Republik zur Bundesrepublik Deutschland gemäß Artikel 23 des Grundgesetzes am 3. Oktober 1990 werden die Länder Brandenburg, Mecklenburg-Vorpommern, Sachsen, Sachsen-Anhalt und Thüringen Länder der Bundesrepublik Deutschland.*"[8]

Damit wurde ein bekannter Sachverhalt auf die Füße der Rechtsstaatlichkeit gestellt. Aus dem erwähnten Artikel 3 kann als das Wesentliche herausgefiltert werden:

„*Mit dem Wirksamwerden des Beitritts tritt das Grundgesetz für die Bundesrepublik Deutschland..., in den Ländern* (wie in Artikel 1 bereits aufgeführt) *sowie in dem Teil des Landes Berlin, in dem es bisher nicht galt, mit den sich aus Artikel 4 ergebenden Änderungen in Kraft...*"[9]

Der Vollständigkeit wegen soll auch auf den genannten Artikel 4 verwiesen werden. In diesem werden „*Beitrittsbedingte Änderungen des Grundgesetzes*"[10] angeführt, wie beispielsweise in der Präambel:

„*Die Deutschen in den Ländern...* (an dieser Stelle werden alle 16 Bundesländer namentlich aufgeführt) *haben in freier Selbstbestimmung die Einheit und Freiheit Deutschlands vollendet. Damit gilt dieses Grundgesetz für das gesamte Deutsche Volk.*"[11]

Andere Artikel des Grundgesetzes wurden geändert, aufgehoben oder neu eingefügt. Besonders auf den Artikel 146 GG wird hier an gegebener Stelle noch konkret eingegangen. Dieser wird hinsichtlich künftiger Verfassungsänderungen im Artikel 5 Einigungsvertrag extra benannt.

So weit, so gut! Zumindest wurde bestätigt, dass die bei der Neugestaltung des Schulwesens erforderlichen Regelungen von den

Ländern getroffen werden. Der Artikel 37 des Einigungsvertrags, der das aussagt, hebt auch hervor:

„Die notwendigen Regelungen zur Anerkennung von Abschlüssen schulrechtlicher Art werden in der Kultusministerkonferenz vereinbart. In beiden Fällen sind Basis das Hamburger Abkommen und die weiteren einschlägigen Vereinbarungen der Kultusministerkonferenz." [12]

Darin werden weitere Antworten bezüglich des angeführten Punktes: Welches ist die Hauptursache dafür, dass sich die 16 Schulsysteme inzwischen völlig unterschiedlich entwickelt haben?, gesucht. Ebenfalls wird auch die Erkenntnis der Kultusminister: *„In den deutschen Ländern noch ein deutsches Schulsystem zu erkennen fällt schwer"*[13], näher betrachtet. Zur Lösung wird das Grundgesetz betreffs der Möglichkeit für Änderungen durchgearbeitet.

Warum, so könnte mancher fragen, wird hier so viel Wert auf die Gesetzesgrundlagen gelegt? Das interessiert nicht, es ist langweilig, sich mit den Artikeln zu befassen, sollte das alles nicht einfach überblättert werden? Nein! Die Bundesrepublik Deutschland ist ein Bundesstaat in föderaler Struktur. Dabei ist per Grundgesetz der Gesetzgebungskomplex und die Verwaltungskompetenz für Schulangelegenheiten den sechzehn Bundesländern zugewiesen worden. Konkret heißt das, dass in sechzehn Ländern ein jeweils eigenständiges Schulsystem existiert. Also sind sechzehn verschiedene Schulsysteme in Deutschland vorhanden. Das wird durch ein eigenständiges Schulgesetz des betreffenden Landes geregelt. Und somit sind auch wiederum sechzehn verschiedene Schulgesetze in Deutschland in Kraft getreten. Der Vollständigkeit wegen muss allerdings betont werden, dass Rahmenrichtlinien seitens der KMK vorhanden sind. Die Alternativfrage müsste dann sein: Entweder haben die Kultusminister diese nicht beachtet – weil es ja nach Aussage der KMK schwer fällt, in den deutschen Ländern noch ein deutsches Schulsystem zu erkennen – oder ist die KMK ihrer Kontrollpflicht nicht nachgekommen? Es geht hier einzig und allein darum zu zeigen, dass dieser Föderalismus bezüglich der Bildung ein Anachronismus geworden ist. Nach Artikel 7 GG in Verbindung mit den Artikeln 30 und 70 GG ist das Schulwesen und somit die Bildung aber nun einmal Ländersache.

Wenn nach den vielen Warnungen verschiedener Institutionen, wie unter anderem der Arbeitgeberverbände, der Universitäten, der Handwerkskammern des Mittelstandes, der Industrie- und Handelskammern und anderer mehr über Jahre hinweg die Kultusminister erst jetzt (erstaunt und entsetzt?) auf *„schwerwiegende Fehlentwicklungen"*[14] im deutschen Bildungssystem schließen, haben sie dann nicht unglaublich versagt? Es ist dies eine Schlussfolgerung, die diese selbst gern den Lehrern, den Eltern, den Schülern, den Schulen unterschwellig oder indirekt vorwerfen. Im Ansatz spiegelt sich das in einer Feststellung des Landeschefs der Gewerkschaft Erziehung und Wissenschaft (GEW) des Landes Brandenburg Günther Fuchs wieder: *„Nicht die Lehrer, der Minister sollte nachsitzen."*[15] Wenn es nun im ersten „Bildungsbericht für Deutschland" (Warum eigentlich erst der erste, werte Damen und Herren Kultusminister, möchte man nun eigentlich fragen?) heißt, und wegen der ungeheuren Schwere der Erkenntnis wird an dieser Stelle noch einmal ganz bewusst die eigene Aussage der Kultusminister genannt: *„In den deutschen Ländern noch ein deutsches Schulsystem zu erkennen fällt schwer"*,[16] dann muss die Frage gestattet sein: „Was haben sie bisher getan?" Denn bedeutet das nicht im Umkehrschluss, dass unsere Hüter der deutschen Bildung indirekt selbst eingestehen, dass sie schwerwiegende Fehler gemacht haben? Ist es nicht so, dass unsere Kultusminister nicht nur versagt haben, sondern sich selbst und ihre hochbezahlten Funktionen damit in Frage stellen? Ihre geäußerten Zweifel sind selbst doch der beste Beweis dafür, dass wir in Deutschland per Grundgesetzänderung endlich davon weg müssen, dass die Bildung Ländersache ist. Eine wesentliche Grundursache der aufgedeckten schlechten Bildung in Deutschland könnte somit beseitigt werden. Aus persönlich verständlichen, aber für unsere Gesellschaft äußerst schädlichen Gründen werden die Kultusminister immer die Schuld bei den bereits mehrfach genannten vier Gruppierungen suchen. Natürlich müssen nach Beseitigung aller eventuellen Grundursachen auch die vier Gruppen einer strengen Analyse unterzogen werden. Hier geht es aber erst einmal um grundlegende Missstände und nicht um die Folgeursachen. Denn Lehrer, Eltern, Schüler und die Schulen können nur so gut sein wie es die Gesellschaft vorgibt, einschließlich der Politiker aller Couleur. Und besonders gehören in diese Feststellung die Bildungs- und Familienpolitiker, Minister mit aufgeblähten Beamten- und Verwaltungsapparaten. Dazu zählen auch Vertreter der Schulämter. So mancher Schulrat torpediert das Neue, das andere Wege gehen auch aus Unfähigkeit, Bequemlichkeit oder, wenn er sich ausschließlich auf bürokratische Vorschriften beruft. Natürlich ist das ein menschliches Versagen, welches auch auftreten könnte, wenn das Schulwesen keine Ländersache wäre. Brandenburgs Bildungsminister hatte ja recht, wenn er vor Pädagogen sagte: *„Wir müssen in Deutschland wieder mehr über Eliteförderung reden, denn um im globalen Wettbewerb zu bestehen, brauchen wir eine Elite.*"[17] Setzt das auch eine Elite innerhalb der Bildungsverantwortlichen auf allen Ebenen voraus oder sollen besonders Spezialschulen und die meist ausgezeichneten Privatschulen solche Forderungen lösen? Müssten nicht auch alle Minister für Bildung selbst nur aus dem Schulwesen kommen? Reicht allein das erworbene Wissen aus dem eigenen Schülerdasein, erfolgreiches Studium einer fachfremden Materie oder die Mitwirkung in einem Elterngremium dafür aus? Selbst jedes kleine Handwerksunternehmen, das Gesellen und Auszubildende beschäftigt, wird durch einen für das Handwerk ausgebildeten Meister geführt. Ist ein Bildungsministerium einfacher zu führen als ein Kleinunternehmen? Trotz aller Beteuerungen und Verpflichtungen für verbindliche Einigungen in allen wichtigen Fragen in der KMK sieht die bisherige Praxis anders aus, weil es immer auch um eigene persönliche Machtbefugnisse geht. Den „Sechzehn" ist es nicht gelungen, das Schulwesen für ein geeintes Deutschland zu koordinieren, umzugestalten oder gar zu reformieren. Wie soll ihnen dieses dann in einem sich vereinenden und vergrößernden Europa und im Zeichen der Globalisierung gelingen? Belegt sind nicht ausreichende Absprachen in der KMK beispielsweise durch Nachfragen aus den Altbundesländern bezüglich der Anerkennung von Schulabschlüssen der neuen Länder. Durch den Wegzug aus den östlichen in die westlichen Bundesländer kamen immer wieder Klagen ehemaliger Eltern und Schüler betreffs der Anerkennung der mitgebrachten Zeugnisse. Mancher Schüler sollte um eine Klassenstufe zurückgestuft werden, hauptsächlich bedingt durch die unsäglich vielen verschiedenen Lehrpläne, Bildungsstandards und spezifischen Schulangebote, die einen Vergleich nicht zulassen würden. In der Eingangs angeführten Tageszeitung vom 10. Oktober 2003 wird folgende Aussage der Kultusminister zu der angeführten Problematik genannt:

„Abschlüsse und Noten seien zwischen den Ländern ‚häufig nur sehr eingeschränkt vergleichbar'."[18]

Mancher ostdeutsche Schüler musste auch den Wechsel in eine niedrigere Schulform in Kauf nehmen. Es geht aber um alle Kinder, es geht um unsere Schüler, es geht um die Zukunft Deutschlands. Damit darf kein schulpolitisches Spiel von Bundesland zu Bundesland erfolgen, welches nur zu Lasten der Kinder und auch zu Lasten der Steuerzahler geht. Hier wären vernünftige Einspareffekte zu erzielen. Anstatt bei den Kindern zu sparen, zum Beispiel durch viel zu wenige Lehrer, sollten die aufgeblähten Verwaltungsapparate der sechzehn Bildungsministerien auf den Prüfstand. Deutschland braucht nicht sechzehn verschiedene Wege zum Bildungsziel, Deutschland braucht den effizientesten Weg in der Bildung zum Wohle aller Schüler und der Gesellschaft. Den Eltern und den Lehrern würde ein Wechsel von einem Bundesland zum anderen und damit die so oft von den Politikern angemahnte Mobilität leichter fallen. Das Bundesland Brandenburg hatte innerhalb von zehn Jahren vier verschiedene Minister, die für die Bildung verantwortlich zeichneten. An dieser Stelle sei die nichtöffentliche Aussage eines CDU-Schulleiters in Brandenburg eingefügt, der für die CDU erfolgreich in ein Parlament gewählt wurde und der sinngemäß formulierte: „Ich habe fünf (man beachte die Zahl) Minister erlebt, aber der beste war Margot Honecker." Dazu aber mehr in dem zweiten Abschnitt, wenn es um das Bildungswesen der DDR geht. In Brandenburg setzte eine Flut von Vorschaltgesetzen, Gesetzen, Verordnungen, Erlassen, Mitteilungen, Hinweisen, Erläuterungen, Entwürfen und, und, und ein und bestimmten den Schulalltag. Kaum hatten die Schulleiter oder die Lehrer ein neues Gesetz, einen neuen Erlass, ein neues Schreiben und so fort in allen Winkelzügen verstanden und konnten es ohne ständiges Nachlesen wirksam umsetzen, wurde es durch ein neues ersetzt oder verändert. In den Schulen konnte dadurch keine Kontinuität einziehen, sondern es wurde quasi von außen her, durch den Hyperaktionismus der konkurrierenden Kultusministerien eine zusätzliche Unruhe in die Schulen hineingetragen. Möglicherweise spiegelt sich dies auch in den schlechten Ergebnissen der bekannten Studien wider. Und von der Gesamtverantwortung (Bildung für Deutschland) ablenkend, will jeder Kultusminister immer noch als der Beste erscheinen. Dafür wird von einigen nicht alles auf den Prüfstand der Erkenntnisse gestellt, aber lauthals wird verkündet, dass die anderen Bundesländer von ihnen lernen sollten, weil... Ein Bundesland greift sich zum Beispiel die PISA-Ergebnisse heraus und verschweigt dafür, dass es viel weniger eigene Abiturienten ausbildet oder viel zu viele Schulabbrecher hat und so weiter. Aus der Fülle des Negativen das entsprechende Gute herauszusuchen zeigt letztendlich nur eins, und hier wird mit den Aussagen eines führenden Politikers bei anderen Sachverhalten geantwortet, der sich auf einer Wahlkampfveranstaltung sinngemäß äußerte: Die können es einfach nicht! Die müssen zurücktreten! Die müssen weg, weg, weg! Es geht hier nicht mehr um ein Bundesland mit seinen guten Teilergebnissen und den verschwiegenen oder heruntergespielten schlechten, es geht um Deutschland in seiner Bildungsgesamtheit. Wenn unsere Bildung gekennzeichnet ist durch zu viele Schulabbrecher, zu wenig

Abiturienten, zu schlechte Leistungsergebnisse und das bei einer sich abzeichnenden Überalterung der Gesellschaft, dann ist das nahezu ein Todesstoß. Bildung ist nun einmal das Zukunftskapital, der wichtigste Rohstoff den es zu veredeln gilt, für jeden Einzelnen und für die gesamte Gesellschaft. Im Dezember 2003 fällte erneut eine internationale Expertengruppe im Auftrag der Organisation für wirtschaftliche Zusammenarbeit und Entwicklung (OECD) ein vernichtendes Urteil über das deutsche Schulsystem: Es spiegele

„ein vergangenes ökonomisches und gesellschaftliches System"[19]

wider. Der nicht ausgebliebene Aufschrei der Kultusminister zeigt, dass sie die Tragweite noch nicht erkannt haben oder nicht zugeben wollen. Nun wurde von der KMK schleunigst einen Tag später verkündet (Im Februar 2003 wurde es schon einmal angekündigt.), dass für alle Schulen bundesweit gültige Bildungsstandards beschlossen wurden, von denen die ersten ab dem Schuljahr 2004/2005 gelten sollen. Ein Minianfang, der aber nur noch einmal unterstreicht, dass wir für solche Einheitsstandards in der Bildung doch wahrlich nicht sechzehn Bildungsministerien benötigen. Sollten wir nicht bei einem sich ständig vergrößernden, geeinten Europa unsere Bildungspolitik im Interesse eines gemeinsamen Europas auf den Prüfstand stellen? Unsere noch bestehende Kleinstaaterei, das Schulwesen ist Ländersache, ist dafür nicht mehr zeitgemäß. Im Gegenteil, unser Schulwesen ist ein fossiles Auslaufmodell. Die von den großen Weltwirtschaftskonzernen ausgelöste Globalisierung der Wirtschaft, ob uns diese nun gefällt oder nicht, wird andere Bereiche nachziehen. Ohne die Weltbürger zu fragen, wurde von diesen Wirtschaftslenkern die Globalisierung eingeführt und sie wird ohne die Zustimmung der Weltbürger durchgesetzt werden. Irgendwann wird sie auch eine bestimmte Form der Globalisierung der Bildung nach sich ziehen. Eventuell ist das momentan noch eine unangenehme, disharmonische Zukunftsmusik. Aber genauso wie die Globalisierung der Wirtschaft kam, wird es auch in der Bildungspolitik zumindest zu bestimmten gemeinsamen

Eckpunkten kommen, ja kommen müssen, als eine von außen gesetzte Notwendigkeit.

Das, was die „Sechzehn" als Sofortmaßnahme beschlossen haben, zeigt, dass sie das vernichtende Urteil der OECD-Experten, ein vergangenes ökonomisches und gesellschaftliches System, nur am Denken von Kleingeistern fest machen. In dem Urteil steckt doch gerade auch eine Aussage über unsere Gesellschaft. Wir benötigen ein neues Denken im Umgang mit der Globalisierung und als eine Antwort darauf völlig neue Bildungskonzepte. Ist die bestehende Gesellschaftsordnung so noch auf der Höhe der Zeit oder müssen die Philosophen über eine andere demokratische Gesellschaftsform nachdenken? Der deutsche Philosoph und Sozialwissenschaftler Oskar Negt beschreibt in seinem Buch „Arbeit und menschliche Würde" die Arbeitslosigkeit:

„...als einen Gewaltakt, der Millionen von Menschen um ein Leben in Würde bringt."[20]

Unsere Schüler erleben in unserer heutigen Gesellschaft diesen Widerspruch, der sich aus den gesellschaftlichen Gegebenheiten und ihren persönlichen beruflichen Ansprüchen ergibt. Sie fragen sich nach dem Sinn des Lernens, wenn es keinen Ausbildungsplatz gibt und somit auch nach dem Sinn eines Lebens in einem bestimmten Bundesland oder stellen sogar ein Leben in Deutschland in Frage. Wäre es nicht an der Zeit, dass wir unseren Kindern den Glauben an das Leben, auch den Sinn eines Lebens gerade in Deutschland und die Instrumente für ein Lernen auf Lebenszeit geben? Und sollten wir nicht die besten Philosophen ermutigen, in völlig neuen Gesellschaftsstrukturen zu denken? Letztendlich hat die über uns herein gebrochene Globalisierung eine gewisse sprachlose Orientierungslosigkeit hervorgerufen. Wo gehören wir eigentlich noch hin? Einen ermutigenden, philosophischen Ansatz stellt dabei der bekannte deutsche Philosoph der Gegenwart, Peter Sloterdijk, vor. In seiner „Sphären-Trilogie" geht er davon aus:

"Wir sollten uns die Gesellschaft ... nicht allzu massiv vorstellen. Eher wie zusammenhängende Luftblasen aus lauter Intimsphären: ein Schaum..."[21]

Und was geben wir unseren Kindern und Schülern mit auf ihren Weg zum Erwachsenwerden? Dazu wird eine Aussage aus dem Magazin „Der Spiegel" vom 2.11.1998/Nr. 45 über den ersten Band „Blasen" dieser genannten „Sphären-Trilogie" herangezogen:

„Erwachsenwerden bedeutet, Sphären zu bilden in erweiterten Kreisen, in Familien, Bünden, Beziehungen, Parteien, Arbeitsgemeinschaften, Subkulturen, Nationen."[22]

Zur Zeit bleibt es noch völlig offen, ob und welche neuen Gesellschaftsstrukturen sich entwickeln werden, aber die Zeit dafür wäre reif.

Warum wird die Bildung so losgelöst von der Wirtschaft betrachtet? Das gilt natürlich nicht, wenn es um die Belange der Unternehmen geht. Mit folgenden Aussagen wie: Die Auszubildenden können ja gar nichts! Was lernen die nur in den Schulen?, wurde schon so mancher konfrontiert. Wird dann erst die Bildung für die Unternehmen interessant? Aber solche bekannten, nichtssagenden Aussprüche sind schon so lange geläufig und vielleicht bestehen sie schon immer, dass nur noch Verwunderung einziehen würde, wenn sie nicht mehr genannt würden. Solche Ritualhaltungen treten auf vom Übergang: Kindergarten (oder Hauskinder) zur Grundschule, von dieser zur Mittelschule (Sekundarstufe I), von dieser wiederum zur Oberstufe (Erlangung der Hochschulreife) oder im Übergang zur Berufsausbildung, vom Abitur zum Studium, vom Studium zur Übernahme in Unternehmen und so fort. Es ist eine gesellschaftliche Unart geworden, dass häufig die zuvor absolvierten Einrichtungen als schlechte Ausbildungsstätten hingestellt werden. Damit kann von Anfang an darauf verwiesen werden, dass mögliche entstehenden Misserfolge in der weiterführenden Ausbildung eine andere Ursache haben.

Es gilt doch auch, dass Europa nun wahrhaftig nicht nur eine sich vergrößernde Wirtschafts- und Währungsgemeinschaft ist. In demselben Maße ist Europa doch auch eine Kulturgemeinschaft, in welcher ein Austausch der Kulturen stattfindet. Aber Kultur hat immer auch etwas mit der Bildung zu tun. Wie schwer die Mitgliedsländer der Europäischen Union (EU) damit umgehen, zeigt sich auch darin, dass in den vielen europäischen Verträgen das Bildungswesen sehr spät Eingang fand. Erst im Vertrag von Maastricht 1992 wurden zum ersten Mal ganz konkrete Ziele und Zuständigkeiten der Gemeinschaft in den Artikeln 126 und 127 aufgeführt. Diese gehen über die Bildungsprogramme für allgemeine und berufliche Bildung von 1986 hinaus. Sie lauten unter anderem:

- *„Entwicklung der europäischen Dimension im Bildungswesen, insbesondere durch Erlernen und Verbreitung der Sprachen der Mitgliedstaaten,*
- *Förderung der Mobilität von Lernenden und Lehrenden, auch durch...,*
- *Förderung der Zusammenarbeit zwischen den Bildungseinrichtungen,*
- *Ausbau des Informations- und Erfahrungsaustausches über gemeinsame Probleme im Rahmen der Bildungssysteme der Mitgliedstaaten,*
- *Förderung des Ausbaus des Jugendaustausches..."* [23]

Vor über zehn Jahren wurden solche wichtigen Punkte wie eine europäische Dimension im Bildungssystem, die Mobilität, der Erfahrungsaustausch gerade über Probleme in Bildungssystemen aufgezeigt und zur kooperativen Richtschnur erhoben. Die Frage steht: Was wurde von unseren Kultusministern davon umgesetzt? Es entsteht der Eindruck, dass in Deutschland zu sehr die Wirtschaft und nicht die Bildung im Mittelpunkt stand. Aber selbst dabei gelang es der Politik im Verbund mit der Wirtschaft nicht, die Wirtschaft so zu reformieren, dass das menschliche Grundbedürfnis nach Arbeit annähernd garantiert wird. Ebenso hat sich im deutschen Schulwesen nichts Grundlegendes getan, trotz mancher guter Einzelangebote und lobenswerter Bemühungen. Aber sechzehn geschlossene Bildungssysteme der einzelnen sechzehn Bundesländer verhindern ein nationales Bildungssystem für Deutschland und ein in Grundrissen entstehendes Bildungssystem für ein gemeinsames Europa. Es wird eine zusehends größere Kluft entstehen zwischen der im globalen Maßstab praktizierten Mobilität der Wirtschaft und einer Mobilität der Bildung. Die Mobilität von Waren, Dienstleistungen und Arbeitnehmern innerhalb eines sich vereinenden Europas setzt auf Dauer über diese wirtschaftlichen Aspekte eine Mobilität der Bildung, zumindest einer gemeinsamen Eingangsbildung voraus. Wie im Artikel 126 von Maastricht verlangt und bereits erwähnt, hat die Europabildung unter anderem als eine gemeinsame inhaltliche Zielsetzung, die Vermittlung der europäischen Dimension. Darunter versteht der Autor neben anderen Aspekten besonders die Überwindung der sprachlichen Grenzbarrieren, um somit auch die Grenzbalken in den Köpfen, die bestehenden Vorurteile besser abbauen zu können.

Eines soll noch einmal hervorgehoben werden, die sechzehn Kultusminister sind nicht unfähig. Ihnen hängt nur oft wie ein Fluch die Parteidisziplin an, unabhängig davon, welcher der Parteien sie angehören. Hinzu kommen die vielen unterschiedlichen Wahltermine der einzelnen Bundesländer, so dass sich die Bildungsverantwortlichen gar nicht nur ihrer konkreten Arbeit, der Bildung, widmen können. Selbst, wenn sie es persönlich wollten und vielleicht auch unzufrieden sind. Bildung ist Ländersache, diese Form der parlamentarischen Demokratie wirkt über Jahrzehnte gesehen als der größte Hemmschuh der Entwicklung in Deutschland. Als Ergebnis daraus entwickelte sich ein parteienfarbener Bildungsflickenteppich. Und es geht hier gar nicht vordergründig um eine Schuldfrage. Sollte es nicht vielmehr um eine große, offene Aussprache gehen? Wobei diese vor keinem Bürger und damit auch vor keinem Politiker gleich welcher „Farbe", gleich welche Funktion er vertritt, halt macht. Und ferner darf auch kein Unternehmer, keine Universität, dürfen keine Institution, kein Lehrer, nicht die Medien, die Schüler und keine Eltern davon ausgeschlossen werden. Nur um das Ziel, dass es mit der Bildung in Deutschland wieder aufwärts geht, sollte es allen Genannten gehen. Und wenn schon die Politik gern die Lehrer, Eltern, Schüler, die Schulen als Schuldige ausmacht, dann und nur dann muss eindeutig dagegen gesprochen werden. Gerade auch gegen die Politiker, welche den mündigen Bürger und seine Probleme und die anfallenden Probleme der heutigen Zeit falsch einordnen. Ist denn die große „Partei der Nichtwähler" nicht bereits ein sehr ernst zunehmender „Demokratiezersetzungsfaktor" oder sollte besser von einem „Demokratieveränderungsfaktor" gesprochen werden? Es geht doch völlig an den anstehenden Problemen vorbei, wenn die Politik und somit auch die Kultusminister sich zum Beispiel trefflich streiten um das Anbringen von Kruzifixen in Klassenräumen, um die Einführung eines „Benimmunterrichts", um das Tragen von Kopftüchern...

Der Kopftuchstreit und mögliche Folgen

Bei der zweitägigen Tagung der Kultusministerkonferenz (KMK) im Oktober 2003 sagte die damalige KMK-Präsidentin Frau Karin Wolff (Kultusministerin Hessen) bezüglich des Kopftuch-Urteils des Verfassungsgerichts:

„...sie rechne nicht mit einem einheitlichen Vorgehen der Länder. Einige würden hinsichtlich des Tragens von Kopftüchern muslimischer Lehrerinnen Gesetze beschließen, andere wiederum nicht. Dies sei auch kein Problem."[24]

Selbst bei dieser vergleichsweisen Geringfügigkeit (oder doch nicht?) sind unsere Kultusminister nicht in der Lage sich zu einigen. Müsste diese Angelegenheit, des Tragens eines Kopftuches im Unterricht seitens einer muslimischen Lehrerin, hier an dieser Stelle wegen Bedeutungslosigkeit nicht als erledigt betrachtet werden? Und noch einmal oder doch nicht? Hat ein Kopftuch überhaupt irgendetwas mit Bildung zu tun? Wurde damit nicht eine ungeheure politische Sprengwirkung von einigen Politverantwortlichen ausgelöst? Und dazu nun zu schweigen, es gar stillschweigend zu akzeptieren oder zu entschuldigen, heißt wieder einmal schuldig vor den Menschen und der Geschichte zu werden. Nur, weil hochgestellte Politiker Entscheidungen getroffen haben, müssen die doch noch lange nicht richtig sein. Und deshalb wird das Problem an dieser Stelle doch eingehender betrachtet. Im November 2003 verkündeten Bayern und Baden-Württemberg, dass sie Gesetze zum Kopftuchverbot für muslimische Lehrerinnen auf den Weg gebracht haben. Bayern erklärte Anfang Dezember, dass das Gesetz nun nur noch durch den Landtag bestätigt werden muss. Ziel des Gesetzes sei, staatlichen Lehrkräften das Tragen von Symbolen zu untersagen, die auch als politische Bekundungen gewertet werden könnten. Bravo, Bayern! Kruzifixe rein und Kopftücher raus aus den Schulen. Das erinnert wunderbar an den „untergegangenen Unrechtsstaat". In der DDR gab es eine Zeit des Verbots der sogenannten Amerikanismen. Die DDR-Jugend wollte mit äußeren Kennzeichen ausbrechen. Es war schick irgendetwas aus dem Westen zu tragen. Ob das nun immer daher stammte oder so angenommen wurde, spielte dabei nicht die entscheidende Rolle. In den Pädagogischen Räten wurden die Lehrer angewiesen, dass diese ihren Schülern das Tragen von Kennzeichen des Klassenfeindes, eben diese Amerikanismen, zu verbieten hätten. Dazu zählten unter anderem umgehangene Rasierklingen, Anhänger mit englischen Aufschriften (Wie die ganz gefährliche, weil die DDR-Existenz bedrohende Aussage: „I love you"), die Flagge der Bundesrepublik Deutschland oder die der USA, die von den Schülern genauso gern aufgenäht wurden wie heute manches DDR-Kennzeichen aus der Mottenkiste herausgesucht wird. Ebenso beliebt waren bei den Schülern und einigen jungen Lehrern (Eben auch Lehrern, das wird an dieser Stelle hier einmal besonders hervorgehoben.) das Tragen von Jeans (Nietenhosen). Das führte damals zu Aussagen in den Zeitungen wie unter anderem: In jeder Nietenhose steckt eine Niete... Genutzt haben diese Verbote gar nichts, sondern sie entfachten den Widerstand gegen staatliche Willkür auch bei jenen Schülern, die so etwas erst gar nicht benutzten und dann Mitläufer oder Sympathisanten wurden. Die Appelle der Oberen, doch dafür die Aufnäheremble der Flaggen der DDR oder der Sowjetunion zu nehmen, verhallten nutzlos. Irgendwann kam ein neuer Modetrend und die Politiker hatten sich nur lächerlich gemacht und gezeigt, wie weit sie von der Realität, der Meinungsvielfalt und der Freiheit entfernt waren. Ein Verbot des Tragens des Kopftuches im Unterricht ist somit eine Ungeschicklichkeit, die sich Politik so nicht erlauben sollte. Natürlich ist es eine vorrangige Aufgabe des Staates fundamentalistisches Gedankengut an den Schulen abzuwehren, aber es ist schon sehr abenteuerlich dies gerade am Tragen des Kopftuches festzumachen. Vielleicht ist das Tragen der Kopftücher von muslimischen Lehrerinnen im Unterricht nicht unbedingt ein Schönheitsaspekt, aber für sie ist es auch ein Ausdruck ihrer Religion, genau wie die Kopfhaube der christlichen Nonnen. Natürlich wurde das Kopftuch bei soviel politischer Zuwendung mittlerweile auch zu einer gewollten Provokation. Hüten wir uns, statt das Verbindende zu suchen, das Anderssein zu betonen und das in Äußerlichkeiten zu sehen. Es scheint, als wird hier eine der großen Weltreligionen besonders beachtet und einseitig Partei ergriffen. Von der Kleidung oder vom Äußeren in allen auftretenden Fällen auf die politischen Ansichten zu schließen, ist für die Demokratie ebenso eine Gefahr, wie unbedachte Verbote. Wie beginnt die Präambel unseres Grundgesetzes:

„Im Bewusstsein seiner Verantwortung vor Gott und den Menschen...",[25]

aber was heißt vor Gott, und welches ist dann der richtige und einzige Gott? Und was gilt dann für das etwa eine Drittel der Deutschen, die konfessionslos sind? Diese glauben an keinen Gott und dessen Existenz, ob er nun der einen oder der anderen Weltreligion angehören mag oder nicht. Glauben hat nun einmal nichts mit Wissen zu tun. Immerhin wird von fünf (manchmal von sechs mit dem Taoismus und Konfuzianismus) großen Weltreligionen innerhalb der vielen religiösen Strömungen gesprochen. Natürlich könnte sie jeder selbst nachlesen, aber die Gegenüberstellung der Daten über Entstehungszeit und Mitgliederzahlen zeigt für die Argumentation einige wichtige Aspekte auf:

- Hinduismus: etwa 1800 v. Chr. entstanden, mit etwa 811 Millionen Anhängern,
- Judentum: etwa 1250 v. Chr. entstanden, mit etwa 14,4 Millionen Anhängern,
- Buddhismus: etwa 500 v. Chr. entstanden, mit etwa 360 Millionen Anhängern,
- Christentum: etwa bis 29 n. Chr. entstanden, mit etwa 1,99 Milliarden Anhängern (darunter ca. 1,1 Milliarden Katholiken),
- Islam: etwa 600 n. Chr. entstanden, mit etwa 1,12 Milliarden Anhängern.

Vielleicht holen wir uns hierbei einmal einen Rat bei einer der großen Weltreligionen. Für diese existiert gar kein Gott als überweltliche Kraft. In seinem „Das Buch der Menschlichkeit" führt Seine Heiligkeit der XIV. Dalai Lama folgenden Aufruf an:

„Und das ist meine wahre Religion, mein schlichter Glaube. Unter diesem Aspekt brauchen wir keine Tempel oder Kirchen, keine Moscheen oder Synagogen, keine komplizierte Philosophie, keine Doktrin, kein Dogma. Unser Herz, unser Geist – das ist der Tempel. Mitgefühl ist die Doktrin. Liebe zu anderen und der Respekt vor ihrer Würde und ihren Rechten, gleichgültig, wer oder was sie sind, das ist letztlich alles, was wir brauchen. Und wenn wir das in unserem Alltag praktizieren, dann spielt es keine Rolle, ob wir gebildet oder ungebildet sind, ob wir an Buddha

oder an Gott glauben, ob wir überhaupt einer Religion anhängen oder nicht..." (26)

Ohne Frage sind fundamentalistische, muslimische Terroristen eine Gefahr und müssen ebenso wie ihre Symboliken weltweit verboten und bekämpft werden. Das gilt auch für den Rechtsradikalismus in Deutschland und den Terror in jeder Form. Und wenn der amerikanische Präsident George W. Bush jede Sitzung des amerikanischen Sicherheitsrates mit einem Gebet einleitet und vorgibt ein guter Christ zu sein, wurde dadurch der Irakkrieg um einen Deut gerechter oder menschlicher oder gar christlicher?

Sollten die verantwortlichen Politiker nicht berücksichtigen, wenn sie über das Tragen des Kopftuches ernsthaft nachdenken, dass es sich um das Tragen des Tuches in den Schulen handelt? Schule kann nicht von der Bildung und schon gar nicht von der Erziehung losgelöst betrachtet werden. Damit ist dieser Streit (eigentlich schon ein Streit der Religionen) bewusst oder unbewusst ein Thema der Schulen. Wir sollten unsere Schüler nicht unterschätzen, weder in ihrer Bereitschaft zur Toleranz gegenüber den Trägerinnen eines Kopftuchs, noch in ihrer Ablehnung gegenüber nicht hinnehmbaren Äußerungen beispielsweise denen eines Politikers des Bundestages. Und deshalb soll an dieser Stelle über das „Kopftuchurteil" hinaus einmal an anderen sehr sensiblen Vorgängen, Aussagen oder Reaktionen dargestellt werden, wie schnell es im In- oder Ausland zu Irritationen kommen kann. Wo war anfänglich bei den ersten auftretenden Anzeichen der große Aufschrei bei allen Demokraten in Deutschland, als ein Bundestagsabgeordneter der CDU die Juden mit den Deutschen gleichsetzte als ein Täter- und Opfervolk? War dagegen die genüssliche Demontage des Deutschen jüdischen Glaubens Michel Friedman nach seinem tiefen Fall als selbsternanntem Obermoralisten nicht viel aufregender? Und wie schnell sind wir dann wieder beim Thema des Antisemitismus und des „ewigen Juden", der schließlich selbst Schuld hat, wenn...

Aber ist das nicht etwas, was immer wieder in das Bewusstsein der Schüler gerückt werden muss, etwas, was nie verjähren darf? Gerade das ist ein Grund dafür, dass diese Ansicht hier in die Auseinandersetzung mit der deutschen Bildung gehört, weil diese eben nicht, wie schon betont, von der Erziehung zu trennen ist. Dabei geht es gar nicht um das Wecken von ständigen Schuldgefühlen übertragen auf alle künftigen Generationen. Und doch, es sollte um die Sensibilisierung der Schüler gehen: Nachdenklichkeit und Betroffenheit über das, was einmal vor Generationen war. Aber es geht vor allem auch darum, dass sich so etwas niemals wiederholen darf, nicht einmal in Gedankenspielen. Ja, die Juden, ob Alte, Junge, Kinder, Frauen, Männer, Gesunde, Kranke wurden industriell, strategisch geplant von den Deutschen im Auftrag des deutschen Staates ermordet. Und zu Recht wird die Geschichte der Menschheit dieses Völkerverbrechen, die angestrebte gesamte Ausrottung des jüdischen Volkes, nicht so schnell verzeihen können. Um so mehr sollten wir uns davor hüten, mit den Fingern auf die Juden zu zeigen, um im Nachhinein eine vielleicht unterschwellige Rechtfertigung der Verbrechen unserer Väter und Mütter zu erzielen. Müssen unsere Schüler nicht lernen, dass das eine mit dem anderen einfach nicht vergleichbar ist? Auch nicht, wenn heute selbst einzelne (aber eben einzelne) jüdische Siedler (Nachlesbar im Bericht des Magazins „Stern", „Unser Hass ist Gottes oberstes Gebot" im Heft 44/2003.) von einer generellen Vernichtung der Palästinenser schwafeln („Wir müssen sie alle umbringen"). Ebenso kommt es auf der Gegenseite zu solchen Einzelaussagen und furchtbaren Selbstmordattentaten. Es scheint, als ob die Juden die Zielgruppe des Hasses anderer Nationen wurden allein schon aus der Tatsache heraus, dass es sie überhaupt gibt. Paul Spiegel, Präsident des Zentralrats der Juden in Deutschland, meinte in einem Interview im Jahr 2000:

„So halte ich es beispielsweise für unverantwortlich, einerseits von jungen Menschen Geschichtsbewusstsein und Toleranz dem Fremden

gegenüber einzufordern, wenn andererseits führende Politiker in diesem Lande in ihren Statements Formulierungen wie ‚Wunsch nach nützlichen Ausländern' oder ‚Kinder statt Inder' verwenden... Solche Beispiele von ‚Eliten-Fremdenfeindlichkeit' eignen sich ganz bestimmt nicht zum demokratischen Vorbild..." [27]

Und nach den Juden wären es dann wieder die anderen, die Ausländer, die Arbeitslosen, die Ostler, „die..."? Zurück zum Kopftuchbeispiel, zeigt sich doch hierbei die Unsinnigkeit der Einzelentscheidungen der Länder (einige verbieten, einige machen nichts, einige...), wenn es um die Bildung geht. Dieser Unsinn wird keineswegs dadurch vernünftiger, dass sich der Kanzler Gerhard Schröder oder der ehemalige Unterhändler des Einigungsvertrags Wolfgang Schäuble und andere der Meinung eines Kopftuchverbots anschließen.

Mitte Dezember 2003 gab der französische Staatspräsident Jacques Chirac seine Erklärung zum Tragen religiöser Symbolik an den staatlichen Schulen Frankreichs ab. Er sagte:

„Nach bestem Wissen und Gewissen denke ich, dass das Tragen von Kleidung oder Symbolen, die deutlich sichtbar ein religiöses Bekenntnis darstellen, in Schulen verboten sein sollen." [28]

Was für eine Entscheidung, Herr Präsident! Im Februar 2004 wurde das entsprechende Gesetz in der französischen Nationalversammlung für die Laufzeit von erst einmal einem Jahr verabschiedet. Hoffentlich lernen die auf dem einen Auge blinden deutschen Länderfürsten und Politiker von Frankreich. Wenn es eine Pflicht zur strikten Neutralität im Bereich der staatlichen Schulen Deutschlands gibt und diese durch das Tragen eines Kopftuches verletzt wird, dann muss logischerweise die Ansicht des ehemaligen Bundespräsidenten Johannes Rau, das dann genauso auf christliche Symbole auszuweiten ebenfalls akzeptiert werden. Diese Aussage wird auch durch den Berliner Senat im Juli 2004 unterstrichen: *„Berlin plant Verbot religiöser Symbole."* [29] Gerade auch als eine mögliche Antwort auf den EKD-Ratsvorsitzenden, Bischof Wolfgang Huber, der sich in seinem Interview in der Märkischen Oderzeitung vom 7. Januar 2004 wie folgt äußerte:

„Das Kopftuch ist gerade nicht als religiöses Kleidungsstück problematisch, sondern als politisches Symbol. Beim Kopftuch geht es nicht wie bei der Mönchskutte um das Kleidungsstück eines Menschen, der sein ganzes Leben dem Dienst Gottes geweiht hat und dies auch durch seine bewusst armselig gewählte Kleidung zeigt. Das ist ein Ausdruck von Demut und verbindet sich nicht mit Erwartungen an andere. Das ist beim Kopftuch ganz anders."[30]

Das heißt doch noch lange nicht, dass er im Recht ist mit seiner Aussage. Noch forscher heißt es da in der „Die Literarische Welt", eine Beilage der „Welt", vom 10. Januar 2004 im „Krauses Klartext" zu „Kreuz und Kopftuch":

„Ausgerechnet Islam! Nun mag ja auch das Christentum in seiner zweitausendjährigen Geschichte einiges auf sein Kerbholz geladen haben, aber seit seine Botschaft ohne Wenn und Aber die Versöhnung ist (und die Vergebung der Sünden, denn dafür steht ja das Kreuz, das der Erlöser an unserer Stelle auf sich nahm), ist seine sittliche Überlegenheit (von der kulturellen ganz zu schweigen) über jene Religion, die gegenwärtig die gesamte Welt in Angst und Schrecken versetzt, doch wohl einigermaßen unstrittig."[31]

Kann man darauf nicht nur antworten: „Herr, vergib ihm, denn er weiß nicht was er tut (schreibt)?" Aus der Kopftuchansicht des Bundespräsidenten wird ganz schnell auf eine Gleichsetzung des zu verachtenden, weltweiten Terrors mit der zweitgrößten Weltreligion dem Islam geschlossen. Diese Ansicht gehörte nicht gedruckt zu werden, die kann niemals christlich sein, sondern sie ist menschenverachtend und andere Religionen missachtend. Und zu diesem zitierten Schreiber, Herrn Krause, passt sein Schlusssatz:

„Natürlich wollen wir das Kreuz. Natürlich wollen wir das Kopftuch nicht."[32]

Ist da ein christlicher Fanatiker mit „wortterroristischem" Gedankengut unter uns? Sein Gott, der auch in der Präambel des Grundgesetzes angerufen wird, ist der überlegene, der gerechtere Gott? Im ersten Schritt verlangen wir aus der Überlegenheit dieses Gottes (Wo bleibt nun eigentlich die gepriesene Demut?), das Verbot des Kopftuches bei der muslimischen Lehrerin. Und sollten dann die Eltern von Mitschülern dagegen klagen, kommt dann konsequenterweise der zweite Schritt, das Verbot des Tragens von Kopftüchern für muslimische Schülerinnen hinzu? Wird dann auch ein dritter Schritt denkbar, das Verbot des Tragens von Kopftüchern für Schülerinnen (darunter auch muslimische), die ihre Haare bei der lebensnotwendigen Strahlentherapie einbüssten? Wo verbleiben nun Demut, christlicher Glaube und lebendige Toleranz? Diese aufgezeigte Siegermentalität am Schreibtisch ist eine verheerende Demütigung des Islams. Und kann nicht gerade auch so eine öffentlich gemachte Haltung eine mögliche Wurzel für den fundamentalistischen Fanatismuszweig des Islams bilden? Lernen wir es, bevor ein Weltkrieg der Religionen und Kulturen ausbricht, uns anzunähern, dann wäre die vielgepriesene Demokratie mit ehrlichem Leben erfüllt. Und lehren wir unsere Schüler die Gleichsetzung der Religionen und auch des Atheismus. Jeder hat seinen eigenen Gott und jeder Gott ist der wahre Gott. Das wäre schon ein schönes Stück Bildung, wenn unsere Schüler so eine Einsicht gewännen.

Abschließend soll dazu aus den Berichten zu „125 Jahre Hermann Hesse" aus dem „Stern", Heft 29/2002, von Birgit Lahmann und Ute Mahler (www.stern.de/kultur) zitiert werden:

„Hesses Zarathustra (Er hatte seine Parabel „Zarathustras Wiederkehr" in Anlehnung an Nietzsches „Also sprach Zarathustra" geschrieben.) *geht hart ins Gericht mit den jungen Leuten, die ihm zuhören. Er fragt, ob sie sich nie gewundert hätten, dass die Deutschen so wenig geliebt, so sehr gefürchtet und so leidenschaftlich gemieden werden? Weil sie überheblich sind. Weil sie sklavisch sind und großmannssüchtig. Weil*

sie Gott im Munde führen und die Hand dabei zum Geldbeutel strecken. Ihr seid das frömmste Volk der Welt, sagt Zarathustra zur deutschen Jugend. Aber was für Götter hat eure Frömmigkeit sich erschaffen! Kaiser und Unteroffiziere!" [33]

Der weltweite, unselige Kampf der Ideologien endete zu Gunsten des Kapitalismus. Ob auch zu Gunsten der Menschen, darf derweil bezweifelt werden. Nun ist es an der Zeit einen Streit nicht eskalieren zu lassen, der schon längst die Bildungspolitiker der einzelnen deutschen Länder überfordert. Dieser Streit zeigt im grellen Licht der Welt, dass er in einen weltweiten Kampf der Religionen, der Glaubensrichtungen umzuschlagen droht. Es geht doch gar nicht mehr um das Tragen des Kopftuchs in den einzelnen Bundesländern, dieses ist nur einer der berühmten Tropfen, der das übervolle Weltfass zum Überlaufen bringen kann. Die Weltwirtschaft, die großen Weltkonzerne haben ohne Rücksicht auf die Weltbevölkerung eine maßlose Globalisierungswelle der Wirtschaft losgetreten. Nur von dem Gedanken um den eigenen Profit beseelt, wurden ethische Werte aufgegeben. Es ist eine große Leere der Seelen eingetreten, der Einzelne und einzelne Völker (arme, ohne eigene Rohstoffe) zählen gar nichts, es geht nur noch um Geld, Macht, Einfluss, Marktanteile. Daran änderte bisher auch die im Jahre 2003 gegründete Initiative für einen globalen Marshall-Plan nichts. Nicht mehr die politischen Verfolgungen, sondern die gewünschten Arbeitnehmerwanderungen (z.B. durch Green Card) von Land zu Land, von Kontinent zu Kontinent, hervorgerufen durch die wirtschaftliche Globalisierung, bereichern künftig immer mehr verschiedene Religionen und Kulturen. Eine Antwort auf den Umgang mit den „fremden" Arbeitnehmern sind uns die Globalisierungsverfechter schuldig geblieben. Deutschland ist eben nicht ausländerfeindlich oder islamfeindlich, wenn verlangt wird, dass kein Kopftuch in den Schulen getragen wird. Aber es wäre die Herausstellung einer Religion, in diesem Falle der christlichen, wenn das eben nur für das Kopftuch gelten würde.

Die Alternativen sind entweder die strikte Trennung von Staat und Kirche und das gerade auch in den Schulen oder das gemeinsame Zulassen aller religiösen Symbole. Und somit darf konkret diese Entscheidung, wie auch die Bildung im allgemeinen, nicht mehr Ländersache in Deutschland sein. Die geistlichen Führer der Weltreligionen und der verschiedenen Religionsgemeinschaften müssen zu einem weltweiten Dialog zusammenfinden. Welche Religion die wahre ist, welcher Gott der Wahre ist, kann und muss nicht geklärt werden. Das Gemeinsame, das Verbindende und die Suche nach Kompromissen bei Trennendem im gegenseitigen Respekt, sowie Anerkennung statt Erniedrigung, könnte das nicht ein Ausstieg aus der Spirale der terroristischen Gewalt und eines drohenden Weltkriegs der Weltreligionen, der Weltkulturen sein? Über das Verbindende aller Weltreligionen könnte die Einsicht, die Kraft und der gemeinsame Kampf zur Durchsetzung einer weltweiten Ächtung aller radikalen Formen erreicht werden. Ein mögliches Forum dafür ist das Parlament der Weltreligionen, welches 1993 neu initiiert wurde und im Juli 2004 in Barcelona tagte und auch über das Vorgehen gegen religiös begründete Gewalt beriet. Genauso machen die zehn Verpflichtungen von Assisi, der Papst hatte 2002 Vertreter anderer Konfessionen und Religionen zum Gebet für den Frieden geladen, Mut. Schaffen die geistlichen Führer der Religionen eine gewisse Form der Globalisierung der Religionen, also eine weltweite Ausrichtung, dann wäre die gegenseitige Durchdringung von Auffassungen, Meinungen zum Wohle der Weltgemeinschaft, der einzelnen Staaten, auch Deutschlands und des einzelnen Menschen auf friedlichem Wege möglich. In so einer angestrebten Koexistenz, in der auch die UNO als der weltliche und politische Vertreter aller Länder dann mit hinzugezogen werden müsste, besteht nicht nur die Daseinsberechtigung der Religionen auch weiterhin, sondern es würde gezeigt werden, dass sie notwendig sind. So eine Verständigung könnte das wirkliche Überleben der Menschheit erzielen. Ein Leben in Würde könnte es werden, ein Leben in Gerechtigkeit wohl nicht, denn dazu müssten die Philosophen den Begriff Gerechtigkeit erst einmal klar definieren, aber ein Leben im Rahmen der Gesetzlichkeit allemal. Denn jeder Bürger Deutschlands und jene, die das deutsche Gastrecht genießen, unterliegen der deutschen Gesetzgebung und somit auch die Muslime. Bei der Gleichbehandlung der Religionen wäre dann das Tragen des Kopftuchs kein Problem mehr. Und wer dann das deutsche Recht bricht, den trifft die Härte des Staates, bis hin zu einer möglichen Ausweisung.

Das Schulwesen ist keine Ländersache

Im Weiteren soll die Möglichkeit einer Änderung des Grundgesetzes untersucht werden. Dazu einige Fakten: Bekannt ist, dass die Bundesrepublik Deutschland eine parlamentarische Demokratie ist. Sie stellt ein föderatives System dar, bestehend aus sechzehn Bundesländern, die ihrerseits eigene staatliche Aufgaben erfüllen. Der Bundeskanzler wird vom Parlament gewählt, welches durch ein erfolgreiches konstruktives Misstrauensvotum auch um seine Entlassung ersuchen kann. Umgekehrt kann nach Art. 68 GG der Bundeskanzler selbst prüfen, ob im Bundestag noch eine Mehrheit hinter ihm steht. Die enge Verbindung zwischen Regierung und Parlament ist ausschlaggebend dafür, dass nicht von einer Gewaltentrennung, sondern eher von einer Gewaltenverteilung gesprochen werden muss. Nicht die Legislative und die Exekutive teilen sich die Gewalt, sondern die Regierung als Exekutive mit ihrer in der Legislative vertretenen Regierungspartei auf der einen Seite und der Opposition auf der anderen. Dabei stellt das Grundgesetz die Verfassung für die Bundesrepublik Deutschland dar. In einigen Artikeln des Grundgesetzes sind die grundlegenden staatlichen Entscheidungen über das System und die Werte festgelegt. Eine Grundgesetzänderung bedarf der Zustimmung von sowohl zwei Dritteln der Mitglieder des Bundestages als ebenso des Bundesrates. Das Letztere ist die Länderkammer, bestehend aus den Vertretern der sechzehn Bundesländer. Sowohl in der Präambel als im Artikel 20 Grundgesetz ist der Föderalismus geregelt. Das bedeutet, dass die Bundesländer in einem Bundesstaat zusammengefasst sind und ihre Selbstständigkeit in großem Maße behalten. Ferner sind sie durch den Artikel 79 Grundgesetz im Bundesrat vertreten und nehmen somit an der Gesetzgebung der Regierung teil.

Ein wenig sind wir dem Problem einer möglichen Grundgesetzänderung im Interesse eines reformierten Schulwesens näher gekommen. Damit nicht zuviel Föderalismus die Einheit der Bundesrepublik Deutschland zerstört, wurden Einrichtungen geschaffen, die ein gemeinsames Vorgehen in wichtigen Problemfeldern und Bereichen garantieren sollen. Es ist dies ein Mittel dafür, dass bei aller Vielfalt auch immer ein gewisses Maß an Einheitlichkeit auftreten muss. Als eine dieser wichtigen Einrichtungen wurde dazu die Kultusministerkonferenz geschaffen. Ihre Aufgabe ist es, dafür zu sorgen, dass möglichst einheitliche Kriterien im Schulwesen der einzelnen Länder angewendet werden. Nicht Gleichmacherei, sondern ein Wettstreit um das beste Bildungssystem sollte es werden. Aus der gesamten bisherigen Argumentation ist aber das Folgende zu ersehen. Kleine Probleme, die allein durch einen Umzug in ein anderes Bundesland entstehen können und damit Schwierigkeiten bei der Anerkennung der Abschlüsse hervorrufen, wurden von einem grundsätzlichen Problem überrannt: *„In den deutschen Ländern noch ein deutsches Schulsystem zu erkennen fällt schwer."*[(34)] Immer wieder ist es diese eine wichtige Selbstaussage der KMK, die dann selbst Fehlentwicklungen einräumen muss, weil sich die sechzehn Bildungssysteme völlig unterschiedlich entwickelt haben. Sind unsere Kultusminister dadurch vielleicht auch mitverantwortlich, dass Deutschland einen wirtschaftlichen Standortnachteil zu verzeichnen hat? Wurde somit unbewusst, aus falsch verstandener Nibelungentreue zur eigenen Partei oder aus anderen Ursachen heraus der Wirtschaft Deutschlands geschadet? Könnte durch diese fragliche Bildungspolitik der Länder in Verantwortung der jeweiligen regierenden Parteien – jeder kocht sein kleines, so lieb gewordenes Kleinstaaterei-Bildungssüppchen selbst – dem nationalen und dem internationalen Ansehen Deutschlands ein noch nicht vorhersehbarer Verlust und Schaden mit zugefügt worden sein? Nicht die Lehrer, die Eltern, die Schüler, die Schulen sollten nachsitzen, nein, das föderative System in der Bildung ist abzuschaffen, ist zu verändern und die Bildungsminister müssen umdenken. Kein Reförmchen, wie das Allheilmittel Ganztagsschule und nun schnell einzuführende bundesweit gültige Bildungsstandards können noch helfen. Und es wirkt schon ein bisschen hilflos, wenn dann etwa Mitte Dezember 2003 die Bildungsminister und Bildungssenatoren der vier Länder Brandenburg, Berlin, Bremen und Mecklenburg-Vorpommern einen Entwurf für gemeinsame Grundschullehrpläne vorlegten. Damit werden einheitliche Bildungsanforderungen an die Grundschule formuliert mit der Begründung:

„Wir nehmen damit aber auch die berechtigte Kritik auf, dass in den deutschen Bundesländern mehr als 2000 (zweitausend!) Lehrpläne existieren, die das Umziehen von Bundesland zu Bundesland erschweren und die Gefahr der Ungleichheit bei der Bildungsteilhabe fördern." [35]

Zieht aber eine Ungleichheit bei der Bildungsteilhabe nicht auch eine Ungleichheit der Schülerchancen nach sich? Dabei ist gerade die Chancengleichheit für alle Schüler ein wichtiges Recht. Wird somit nicht selbst eingeräumt, dass eben dieses wichtige Schülerrecht gar nicht immer gewährleistet ist? Ist es nicht beschämend, was sich die Bildungsverantwortlichen in Deutschland leisten dürfen? Vor allem deshalb, weil es auf Kosten der Schüler geht? Und das alles wird dann noch als eine gute Nachricht verkauft. Nein, es ist nicht nachvollziehbar, wenn erst jetzt an eine Verbindlichkeit und Vergleichbarkeit gedacht wird. Ist es nicht verwerflich, dass nun wiederum nur in Teilschritten Änderungen eingeführt werden? Warum arbeiten nur vier Bundesländer an einem einheitlichen Vorgehen? Und wenn nun endlich, nach Jahrzehnten Stillstand in der deutschen Bildungspolitik eine gewisse Beweglichkeit der kleinen Schrittchen erkannt wird, warum stellen die KMK und ihre sechzehn Kultusminister nicht selbst die Frage nach dem Unsinn des föderativen Schulwesens? Und sie könnten selbst den Antrag auf Abschaffung des Hemmnisses „Schulwesen ist Ländersache" stellen. Es zeigt sich, die KMK hat ihre eigentlichen Hausaufgaben nie zur Zufriedenheit gemacht oder machen dürfen (Politblockade durch Parteienzwang?). Ist es nicht letztendlich dadurch zu einem Reformstau in der Bildung gekommen? Macht es nicht sehr nachdenklich, wenn die KMK fast ein Jahr vor dem PISA-Ergebnis am 10.5.2001 den Beschluss fasst über: „Weiterentwicklung des Schulwesens in Deutschland seit Abschluss des Abkommens zwischen den Ländern der Bundesrepublik zur Vereinheitlichung auf dem Gebiete des Schulwesens..."? Unter Punkt I. Absatz 1 wird angeführt:

„Das Hamburger Abkommen vom 28.10.1964 i.d.F. vom 14.10.1971 geht von der Zuständigkeit der Länder für das Schulwesen aus und benennt Grundsätze, um eine bundesweite Mobilität zu ermöglichen..."[36]

Dieser wichtige Grundsatz einer Mobilität, der seit so vielen Jahrzehnten besteht und für dessen uneingeschränkte Einhaltung die Kultusminister in der KMK Sorge zu tragen hätten, musste durch den vorher angeführten Beschluss erst einmal in seiner Wichtigkeit eingefordert werden. Die nach der Wende besonders von den ostdeutschen Arbeitnehmern erwartete und geforderte Mobilität findet jetzt erst teilweise ihren Niederschlag im Bildungssystem. Bei einer Arbeitslosigkeit im Osten, die regional zeitweilig bis an die dreißig Prozent ging, mussten sich die besten Fachkräfte nach Bayern und Baden-Württemberg verdingen. Und das heißt nichts anderes, als dass diese reichen Länder enorme Ausbildungskosten sparten, die von den schwachen Ostländern aufgebracht wurden. Die Arbeitsämter zahlten sogar teilweise Abwanderungsprämien. Die Mobilität der sich nun im Westen verdingenden Arbeitnehmer wurde einfach erwartet, ohne dass sie Zuschläge wie Beamte und

Minister erhielten. Bildungspolitisch wurde dagegen der Mobilität keine Beachtung geschenkt. Es ist vielleicht auch ein Grund dafür, dass sich Lehrer und Schulen in Ost und West beispielsweise über verschiedene Abschlüsse wunderten. Denn nicht anders kann es gedeutet werden, wenn im Punkt IX. „Weiterentwicklung des Schulwesens" in den Absätzen 1 und 2 des KMK Beschlusses formuliert wird:

„Die Kultusministerkonferenz hat am 28.5.1999 ihre Grundsatzentscheidung vom 5.3.1999 konkretisiert, bereits bestehende Vereinbarungen zur gegenseitigen Anerkennung von Abschlüssen im Bildungsbereich so weiterzuentwickeln, dass ein Höchstmaß an Flexibilität und Gewährleistung föderaler Vielfalt mit Qualitätssicherung und unbürokratischer Anerkennungspraxis verbunden werden kann. Dabei orientierte sich die Kultusministerkonferenz an folgenden Grundsätzen:

...Gleichzeitig müssen gegenseitige Anerkennung und Durchlässigkeit gewährleistet bleiben, um der Mobilität der Bürgerinnen und Bürger auch bildungspolitisch Rechnung zu tragen."[37]

Ja, und da ist wiederum die Bestätigung aller Kritik. Wenn die KMK in all den Jahren dieser Mobilität die geforderte Aufmerksamkeit geschenkt hätte, dann brauchte im letzten genannten Satz des Beschlusses, der jetzt an dieser Stelle noch einmal verkürzt erscheint, nicht stehen:

„...um der Mobilität der Bürgerinnen und Bürger auch bildungspolitisch Rechnung zu tragen."[38]

Dass diese seit vielen Jahren bestehende Aufgabe der KMK von ihr selbst bisher nicht umgesetzt wurde, zeigte auch die Aussage der bereits angeführten vier Bildungsminister und Bildungssenatoren:

„...dass in den deutschen Bundesländern mehr als 2000 Lehrpläne existieren, die das Umziehen von Bundesland zu Bundesland erschweren..."[39]

Folgendes soll hier nicht unerwähnt bleiben, dass im letzten Absatz des zuvor genannten Punktes IX. unter anderem gesagt wird:

„Einer intensiven internationalen Zusammenarbeit, z.B. bei den europäischen Bildungsprogrammen oder bei internationalen Vergleichen von Schülerleistungen, kommt dabei besondere Bedeutung zu."[40]

Na, zumindest ahnten die sechzehn deutschen Bildungsstrategen noch nichts von dem Fiasko, welches sich bereits am deutschen Bildungshimmel (oder besser in der deutschen Bildungshölle?) zusammenbraute. Die Einschätzung der OECD-Experten nach dem traurigen PISA-Ergebnis ist:

„Deutsche Schulen hinter der Zeit zurück!"[41]

Aber dazu mehr in einem anderen Kapitel dieses Buches, wenn es ausführlich um das Thema „Bildungshemmnisse" geht. Es hilft nur eine wirkliche Reform mit einem eisernen Besen. Vielleicht hilft es zukünftig doch etwas daran zu erinnern, dass eben auch Minister nicht erst durch eine Abwahl zur Verantwortung gezogen werden können.

Die Väter des Grundgesetzes haben sehr weitsichtig denkend festgelegt, dass eine Änderung des Grundgesetzes zwar mit den bereits erwähnten zwei Drittel Mehrheiten möglich ist, aber dies gilt niemals nach Artikel 79 Grundgesetz, weil:

„Eine Änderung dieses Grundgesetzes, durch welche die Gliederung des Bundes in Länder, die grundsätzliche Mitwirkung der Länder bei der Gesetzgebung oder die in den Artikeln 1 und 20 niedergelegten Grundsätze berührt werden, ist unzulässig."[42]

Laut Grundgesetz ist der Artikel 7 „Schulwesen" für die Bildung verantwortlich. Dieser wird bei der absoluten Ausschließung von Artikeln nicht genannt. Seit dem 23. Mai 1949 ist das Grundgesetz in Kraft. Allein bis Juli 2002 wurden 51 Änderungen des Grundgesetzes vorgenommen. Darunter als ein hier angeführtes Beispiel der Artikel 13 „Unverletzlichkeit der Wohnung" im März 1998, betreffs „Großer Lauschangriff". Dieses Grundrecht, „Unverletzlichkeit der Wohnung", ist ein Abwehrrecht, welches den Bürger gegenüber staatlichen Übergriffen schützt. Insofern bedeutet eine Änderung des Artikels 13 Grundgesetz auch einen Eingriff in das Freiheitsrecht der Bürger. Zugunsten der Bürger stellten deshalb Anfang März 2004 die Richter des Bundesverfassungsgerichts nun für die Anwendung des „Großen Lauschangriffs" strenge Richtlinien auf. Wie schnell so ein diskutierter Versuch des Eingriffs in einem anderen Zusammenhang erfolgen kann, erlebten die Bürger erst wieder in jüngerer Zeit. Das Recht des Staates sich und seine Bürger selbst vor Schwarzarbeit zu schützen, steht völlig außer Frage. Aber Vorsicht! Die Gefahr eines wieder erstarkenden Denunziantentums könnte nicht ausgeschlossen werden. Eine Demokratie muss so stark sein, dass sie die Kleinhilfen von Nachbarn, Freunden und geringfügig Verdienenden als eine Form gewollter Hilfen unter Bürgern und der Solidarität versteht. Im Vorwort zur 35. Auflage des Grundgesetzes geht Frau Prof. Dr. Jutta Limbach auf die in Kraft getretene Änderung des Grundgesetzes bezüglich des Grundrechts auf die Unverletzlichkeit der Wohnung ein. Sie führt unter anderem an:

„In den neu gefassten Absätzen 3 bis 6 des Artikels 13 GG wird es zum Zwecke der Strafverfolgung gestattet, das gesprochene Wort in einer Wohnung abzuhören und aufzuzeichnen, in der sich der Beschuldigte vermutlich aufhält."[43]

Dies war eine notwendige Maßnahme geworden, um das stark in der Zunahme begriffene organisierte Verbrechen zu verfolgen. Dazu zählen auch die Vorbereitung und die Durchführung von terroristischen Anschlägen.

Nur der Artikel 7 regelt das Schulwesen. Diesbezügliche umfassende Normen sind darin nicht enthalten. Die entsprechenden Regeln stellen die Länderverfassungen auf. Verbindliche Einigungen über Schulpflicht, Organisationsformen, Anerkennung von Prüfungen und manches andere sollte durch das „Hamburger Abkommen" von 1971 durch die Länder sichergestellt werden. Damit wollten die Verantwortlichen eine gemeinsame und vergleichbare Grundstruktur des Schulwesens herstellen. Und dieses Mindestmaß an Gemeinsamkeit und Vergleichbarkeit im Bildungswesen sollte durch die KMK koordiniert und gewährleistet werden.

Interessant ist für die in diesem Buch erfolgte Herleitung und Begründung, warum der Artikel 7 GG geändert werden sollte, ein Antrag im Hessischen Landtag. Bevor auf diesen eingegangen wird, soll noch einmal hervorgehoben werden, dass die alleinige Verantwortung für das Schulwesen von den Ländern zum Bund übergehen muss und die Einflussnahme der Länder über die Länderkammer, den Bundesrat, erfolgen kann und müsste. Am 2.9.2003 wurde dem Ausschuss für Wissenschaft und Kunst und dem Kulturpolitischen Ausschuss des Hessischen Landtags ein Antrag der Fraktion BÜNDNIS 90/DIE GRÜNEN vorgelegt. Dieser Antrag ging als Drucksache 16/437 ein. Aus ihm werden im Weiteren einige Aussagen zitiert und in Bezug auf das Anliegen dieses Kapitels gesetzt:

„Die komplexe Struktur von Zuständigkeiten, Ebenen und Akteuren macht eine Verzahnung der bildungspolitischen Aktivitäten und eine überregionale Koordinierung notwendig, um im föderalen System der Bundesrepublik auch im Bereich von Bildung und Forschung die Gleichwertigkeit der Lebensverhältnisse sicherzustellen."[44]

Daraus ergeben sich für den interessierten Laien folgende Feststellungen:

- Es gibt zuviel verschiedene Machtstrukturen im Bildungssystem.
- Nach diesen Feststellungen erfüllt die KMK nicht die Aufgaben, für die sie einmal installiert wurde.
- Weil es ein föderatives System der Bildung gibt, deshalb sind die Lebensverhältnisse (ungerechterweise) nicht gleichwertig. Länder, die wenig Geld haben, können oder wollen nicht in die

Bildung investieren. Damit werden die Schüler dieser Länder in ungerechtfertigter Weise diskriminiert. Das allein stellt schon eine ungeheure Tatsache dar: Weil dein Land arm ist, erhältst du weniger an Bildung!

Und weiter wird im Antrag ausgeführt:

„Gerade die Defizitanalysen des deutschen Bildungssystems machen es notwendig, dass eine länderübergreifende Koordination stattfindet."[45]

Aber genau das sollte die KMK nach dem Hamburger Abkommen gerade leisten. Soll jetzt eine KMK der KMK eingeführt werden? Im Weiteren:

„Der Landtag hält die Einrichtung der Ständigen Konferenz der Kultusminister der Länder in der Bundesrepublik Deutschland als Forum der Länder zur gemeinsamen Meinungs- und Willensbildung bei grundlegenden Fragen des Bildungswesens für sinnvoll."[46]

Ausgezeichnet, nur sind das ja gerade die Aufgaben, die hiermit von der KMK wegen Nichterfüllung eingeklagt werden. Und was bedeutet sinnvoll? Zumindest lässt es sich nicht mit notwendig (besser noch mit unabdingbar) übersetzen, es ist also nur eine Kann-Bestimmung.

Und so weiter und so fort. Das alles schreit nach Veränderungen, weil die verantwortlichen Institutionen und deren verantwortliche Vertreter es über mehr als dreißig Jahre versäumt haben, ihre selbstdefinierten Aufgaben zu erfüllen. Der Erziehungswissenschaftler Peter Struck führt in seiner Schrift „Taugt die Schule des 20. Jahrhunderts noch für das 21. Jahrhundert?" folgende Meinung des damaligen Bundeskanzlers Helmut Kohl zur KMK an:

„Die reaktionärste Einrichtung der Bundesrepublik ist die Kultusministerkonferenz..."[47]

Letztendlich wurde der Beweis dafür erbracht, warum es notwendig erscheint, das Schulwesen in seinen Grundfesten zu reformieren. Nicht nur eine Änderung des Grundgesetzes ist möglich, sondern es ist sogar selbst zu ersetzen. Dafür steht der Artikel 5 des Einigungsvertrags, der auch etwas über künftige Verfassungsänderungen aussagt:

„... mit der deutschen Einigung aufgeworfenen Frage zur Änderung oder Ergänzung des Grundgesetzes zu befassen, insbesondere ... mit der Frage der Anwendung des Artikels 146 des Grundgesetzes und in deren Rahmen einer Volksabstimmung."[48]

Und im entsprechenden Artikel 146 des Grundgesetzes ist nachzulesen:

„Dieses Grundgesetz, das nach Vollendung der Einheit und Freiheit Deutschlands für das gesamte deutsche Volk gilt, verliert seine Gültigkeit an dem Tage, an dem eine Verfassung in Kraft tritt, die von dem deutschen Volke in freier Entscheidung beschlossen worden ist."[49]

Bezüglich der Geltungsdauer des Grundgesetzes müsste doch wohl erst einmal der Passus des „Volksbegehrens" im GG aufgenommen werden, damit durch einen Volksentscheid über eine neue Verfassung nachgedacht werden kann. Aber diese Arbeit haben unsere gewählten Volksvertreter im Bundestag und Bundesrat für den fast mündigen Bürger irgendwie gleich mit erledigt. Am 18. Juni 2004 hat die Europäische Union eine Verfassung erhalten. Und nicht das deutsche Volk hat sich in freier Entscheidung zu einer gemeinsamen Verfassung für Europa bekennen dürfen, sondern nur ihre höchsten Volksvertreter. Am 27. Mai 2005 hat der Bundesrat dem Ratifizierungsgesetz zum Vertrag über eine Verfassung für Europa zugestimmt. Das Grundgesetz als solches scheint nicht änderungsbedürftig zu sein, wohl aber der Artikel 7. Diese Änderung würde im Interesse aller deutschen Schüler, eines reformierten Bildungssystems und damit verbunden einer vielleicht wieder zu erreichenden breiten nationalen und internationalen Anerkennung auf vielen Gebieten führen können.

Und dass eine Grundgesetzänderung durchführbar ist, wissen

wir nun bereits. Besondere Ausnahmesituationen bedürfen, beziehungsweise verlangen besondere Ausnahmemaßnahmen. Zur Bekämpfung des organisierten Verbrechens und somit auch des Terrorismus musste zwangsläufig der Artikel 13 GG geändert werden. Der Staat war im Interesse seiner Bürger und des eigenen Überlebens dazu verpflichtet, nachhaltig zu reagieren. Er reagierte mit einem rechtsstaatlichen Mittel, dem großen Lauschangriff, bei dem sehr schnell der Eindruck entstehen könnte, dass dabei ein ureigenes Menschen- ja Freiheitsrecht eingeschränkt wurde. Ist nun nicht wieder so eine Ausnahmesituation entstanden, der nationale Bildungsnotstand? Und wenn jetzt das Schulwesen, welches ja entscheidend die Zukunft Deutschlands mitgarantiert, in so eine prekäre Lage gekommen ist, muss dann nicht mit genau so harten Bandagen seitens des Rechtsstaates ganz schnell reagiert werden? Und sollte uns dabei das Schulwesen nicht genau so wichtig sein wie die Außen-, die Verteidigungs- oder die Sicherheitspolitik? Weder Schuldzuweisungen, noch kosmetische Kleinkorrekturen seitens der KMK helfen hier noch. Der Staat als Ganzes ist endlich gefragt beziehungsweise gefordert, tiefgreifend zu handeln. Ermöglichen wir durch eine Grundgesetzänderung, dass das Schulwesen nicht mehr ausschließlich Ländersache ist, sondern umgehend Bundesangelegenheit wird.

Leben in Deutschland

Eigentlich müsste dieses Buch anders benannt werden. So wie sich die bundesdeutsche Bildung über dreißig Jahre hinweg zu uneffektiv fortentwickelte und zu den bekannten Ergebnissen führte, wäre es schon fast angebracht den Buchtitel „GUTE NACHT – DEUTSCHLAND" zu wählen. Dieser würde trotz aller gewollten Satire aber nicht der Tatsache gerecht werden, dass es in Deutschland trotz allem weiterging und weitergeht. Ein Leben in Würde ist in Deutschland absolut nicht für jeden Einzelnen erreicht worden, aber sehr viele Menschen in Deutschland, die meisten, haben die „Kraft von Unten". Das heißt, dass sie zwar schimpfen oder jammern, aber selbst mit anpacken, weil sie wollen, dass sich etwas für sie selbst, für alle Menschen und für Deutschland zum Guten ändert. Ihre Motivierung ist, weil es die Heimat ist und es sich lohnt in dieser Heimat zu leben, in der es sich ja auch nicht schlecht leben lässt.

Und alle diese vielen, stillen, namenlosen Menschen und jene Politiker, die sich ehrlich dem Wähler und nicht nur ihrer Partei verpflichtet fühlen, und die Unternehmer, die das Wort Solidarität mit Menschlichkeit ausfüllen, und die Medien, die sachlich objektiv berichten und, und, und – sie alle sind die eigentlichen Helden dieses Landes. Die Hoffnung und Zuversicht, die von diesen Menschen und ihrer Arbeit ausgeht, auch und gerade bezüglich der Bildung und einer angestrebten tiefgreifenden Bildungsreform, bewirkt, dass es in Deutschland nicht „Nacht" bleibt, sondern ein Morgen einzieht.

Über einen der geistigen Väter der Europäischen Gemeinschaft, Jean Monnet, der die Wichtigkeit der Bildung und Ausbildung als Voraussetzung für eine florierende Wirtschaft erkannte, wird berichtet, dass er einmal gesagt haben soll:

„Wenn ich nochmals mit der europäischen Idee beginnen könnte, würde ich nicht mit Kohle und Stahl beginnen, sondern mit der Bildung."[50]

Dieser Wahrheit, als leider zu späten Reue und Einsicht, ist wohl absolut nichts hinzuzufügen.

ZWEITENS

Teilübernahme des Bildungswesens der DDR

Das DDR-Bildungswesen war nicht gewollt

„Eine Neu- bzw. Umgestaltung des ostdeutschen Bildungswesens nach westdeutschem Vorbild schien die einzig sinnvolle Alternative zu sein, um die beiden so diametral entgegengesetzten deutschen Bildungssysteme – hier das sozialistische Einheitssystem, das unter dem Machtmonopol der SED und des Staates stand, dort das von staatlichem Föderalismus und gesellschaftlicher Pluralität geprägte System der Bundesrepublik – einander anzugleichen." [1]

Das vorangestellte Zitat stammt aus einem Papier, welches am 28.11.2002 in Seoul (Südkorea) bei einem Seminar zum Thema „Wiedervereinigung und Schulsystem in Nord-Korea und Deutschland" vorgetragen wurde. Das konkrete Thema von Frau Heike Kaack lautete: „Schule im Umbruch: Unterrichtende und Unterricht in den neuen Bundesländern während und nach der Wiedervereinigung". Einige wichtig erscheinende Passagen werden daraus wörtlich benannt und aus der Sicht eines ehemaligen DDR-Lehrers entsprechend kommentiert:

Das im Zitat verwendete „diametral entgegengesetzten" deutet bereits daraufhin, dass es sich hierbei um einen allergrößten Gegensatz der beiden deutschen Bildungssysteme handelte. Und trotzdem, was sprach eigentlich dagegen, dass die besten Bildungsleute beider Länder, fern aller hemmenden Ideologien, das Haben und das Soll der beiden Bildungssysteme im Interesse eines gemeinsamen deutschen Bildungswesen hätten ausloten sollen? Sollen? Nein, müssen! Es war doch schließlich sogar einmal so gedacht gewesen, wie weiter aus dem angeführten Material ersichtlich ist:

„...wurde in Abstimmung zwischen Bund und Ländern am 16. Mai 1990 eine deutsch-deutsche Bildungskommission gebildet mit dem Ziel, Konzepte und Strategien für das Zusammenwachsen beider Bildungssysteme zu entwickeln. Zu dem Zeitpunkt gingen noch beide Seiten davon aus, dass es nicht nur um eine Adaption des bundesdeutschen Systems gehen könne..."[(2)]

Gemeint hat hier die Autorin sicherlich die Anpassung an das bundesdeutsche System.

Schade, dass es nur zu der Gründung dieser gemeinsamen deutschen Kommission kam und leider nicht zu einer Umsetzung ihrer Empfehlungen. Dann hätte sich der historische Ausspruch wirklich mit Leben erfüllt, den der Altbundeskanzler Willy Brandt nach der Öffnung der Mauer am 9. November 1989 formulierte:

„Jetzt wächst zusammen, was zusammengehört."[(3)]

Für die deutsche Bildung war die Negierung in der Folgezeit, wie PISA bewies, eine Fehleinschätzung der westdeutschen „Bildungsmachthaber". Indem diese eben nicht zu einer gemeinsamen deutschen Bildungspolitik bereit waren, kam es unter anderem zu diesem heutigen Fiasko. Beide ehemals getrennten Seiten hätten sich in einem solchen gemeinsamen deutschen Bildungssystem im Zusammenspiel mit einem modernen Neuanfang einbringen können. Dabei hätte die Chance bestanden erst einmal alles das, was Schule auszumachen scheint, in Frage zu stellen. Sie hätten nicht einmal auf die Einrichtung Schule als solche mit ihren altbekannten Strukturen Rücksicht nehmen müssen. Alles hätte auf den Prüfstand des gemeinsamen Neubeginns gestellt werden dürfen. Wie bekannt, kam es weder zu einer Neuheit, noch war die Gemeinsamkeit durch die Seite West erwünscht, es kam zur bekannten Übernahme. Dabei hätten die Bildungsgewaltigen nur auf die bereits erwähnte Kommission zu hören brauchen, die das Folgende erkannte und vorschlug:

„...sondern dass vielmehr Bewahrenswertes aus der DDR zu erhalten *und unter Umständen sogar auf Westdeutschland zu übertragen sei."* [4]

Und ergänzend sei die Autorin weiter genannt:

„Auf der anderen Seite sahen manche Bildungsexperten aus der Bundesrepublik durchaus die Chance, über eine groß angelegte gesamtdeutsche Bildungsreform auch bestimmte überholte westdeutsche Bildungsstrukturen und -inhalte zu erneuern." [5]

Hätte dadurch nicht endlich die so häufig in Deutschland West angemahnte Chancengleichheit in der Bildung für das nun vereinte Deutschland Wirklichkeit werden können? Warum nur so ein Hochmut an Ablehnung? Weshalb solch eine gewaltige Machtarroganz der Nichtachtung? Sollten da nicht heute gerade diese wirklich wahren Bildungsexperten der Kommission, weitstrahlende (weil weitdenkende) Leuchttürme ihrer Zunft endlich zu ihrem sehr verspäteten Recht kommen? Und zwar zusammen mit jenen Bildungsexperten und Bildungsgescheiten der ehemaligen DDR, denen ebenfalls schon immer die Bildung und die Erziehung der Kinder eine Herzensangelegenheit war und nicht die vordergründige Umsetzung einer dümmlichen Bildungsdoktrin der Partei. Wird denn allen Ernstes geglaubt, dass alle ostdeutschen Lehrer nur pädagogische Idioten, Mitläufer ohne eigene Ansprüche, politische Fußabtreter und atemlose Bewunderer der Politik der einzigen Arbeiter- und Bauernpartei waren? Hat der Westen vergessen, wer nach dem Zusammenbruch Hitlerdeutschlands die Bildung in den Schulen übernahm oder übernehmen musste? Keiner wird wohl behaupten wollen, das dies alles nur Lehrer mit einem „Persilschein" waren. Das soll heißen, nur Lehrer, die niemals in Nazideutschland unterrichteten und niemals die deutsche Jugend auf Hitler, auf Krieg, auf Judenhass und vieles mehr einschworen. Es führt kein Weg daran vorbei, die besten Pädagogen aus Ost und West müssen endlich an einen Tisch. Keinen „Runden Tisch", davon gab es schon viel zu viele, sondern an einen „Tisch der gemeinsamen Bildungs-Verantwortung". Sie müssen endlich das verwirklichen, was gleich nach der Vereinigung hätte erfolgen müssen, eine gemeinsame Bildungsreform für Deutschland. Darin muss es unter anderem auch um die Entwicklung von Bildungsstandards und somit um anwendbare Kompetenzen gehen. Die angeführte Bildungskommission aus Ost und West benannte so manches Bewahrenswerte aus der DDR. So zum Beispiel:

- „*die Übernahme der ‚Berufsausbildung mit Abitur…'*,
- *das Unterrichten von leistungsmäßig heterogen zusammengesetzten Schülergruppen und die in diesem Zusammenhang über Jahrzehnte gewonnenen Erfahrungen,*
- *das Prinzip des polytechnischen Unterrichts unter dem Gesichtspunkt einer frühzeitigen Vorbereitung der Jugendlichen auf die Arbeits- und Berufswelt.*"[6]

Geblieben ist aber von allem Genannten aus der DDR-Bildungszeit nichts. Auch die zitierte Autorin resümierte:

„Doch nur wenige der in die Wege geleiteten Initiativen hatten am Ende Bestand. Vieles wurde nach der Wiedervereinigung und der sich bald darauf neu konstituierenden ostdeutschen Länder Makulatur."[7]

So kann einfach nicht zusammenwachsen, was sich nicht in einem Bildungssystem wiederzuerkennen vermag. Die westdeutsche Politik allgemein und ihre Kultusminister im Besonderen haben bei diesem Umsetzungsprozess versagt. PISA, ist das ursächlich ein Ergebnis einer falsch verstandenen Politik der Kultusminister der Länder? Eigentlich hemmt und hemmte nicht der Föderalismus die Bildung in Deutschland, sondern der föderative Eigennutz der Ländergewaltigen. Es entsteht nach außen der Eindruck, dass dieser Eigennutz sich sogar auf die gesamtgesellschaftliche Entwicklung Deutschlands verheerend auswirkt. (Und Bismarck dachte doch tatsächlich, dass die Kleinstaaterei und das kleinliche Krämerdenken für immer abgeschafft worden seien.) Als politisches Erscheinungsbild für den Bürger ergibt sich, dass die Länderchefs durch ihr Auftreten vorgeben, dass sie grundsätzlich mehr zu sagen haben als die Bundesregierung. Das gilt natürlich ganz besonders für das Schulwesen, gerade wegen des Artikel 7 GG.

Der Gerechtigkeit wegen muss klar gesagt werden, dass sich die Deutschen, fast alle, erst einmal unheimlich freuten, als es zu der Vereinigung kam. Allerdings muss genauso festgestellt werden, dass sich die gegenseitigen Vorurteile erhalten haben. Die Deutschen müssen es lernen, mit ihnen ohne Verletzungen umzugehen und sie möglichst bald auf beiden Seiten abzubauen. Eine neue Mauer aus Stein zu errichten ist wahrscheinlich viel einfacher, als eine Denkmauer oder eine „Bauchgefühlsmauer", gemauert aus wechselseitigen Vorurteilen, wieder einzureißen.

Diskussionswürdiges aus dem DDR-Bildungssystem

Viel zu viel Zeit ist sowohl für eine sachliche Aufarbeitung, als auch für das Übernehmenswerte betreffs des Bildungswesens der DDR verstrichen. Das Anwachsen von dümmlichen oder verletzenden Vorurteilen auf beiden Seiten ist bedenklich. Und an dieser Stelle sollen einmal ganz bewusst einige dieser wenig hilfreichen, allgemeinen Vorurteile Ost gegen West und umgekehrt genannt werden, Aussagen wie: „Die haben nur neue Absatzmärkte haben wollen!", „Die Mauer muss wieder her, aber viel höher!" (Für diese Aussage finden sich Anhänger sowohl im Osten, als auch im Westen.), „Die im Osten jammern nur herum!" (Aber das sagen ja auch wissende, bekannte Politiker.), „Die haben unsere Wirtschaft deshalb völlig zerschlagen, weil sie damit lästige Konkurrenten loswerden wollten!", „Die kosten uns bloß und wegen denen müssen wir zusätzlich zahlen!" und so weiter und so fort. Vorurteile belasten das Verhältnis der Deutschen untereinander. Vorurteile lassen die Honecker und deren Nachfolger frohlocken. Vorurteile schüren nur eine, schon viel zu groß gewordene Nostalgiewelle, die scheinbare Sehnsucht nach der untergegangenen DDR und vielleicht begünstigen sie gerade auch das gefährliche Erstarken des Rechtsradikalismus.

Im Weiteren werden einige Fakten näher untersucht, die von der bereits erwähnten 1990 gegründeten deutsch-deutschen Bildungskommission benannt wurden. Gleichzeitig wird hierbei der Versuch unternommen, auf DDR-Bildungsstrukturen einzugehen und Ansichten darüber zu äußern. Ebenso wird auf geforderte oder begonnene Reformen Bezug genommen und dabei auf Aussagen aus dem DDR-Bildungssystem verwiesen, die es wert wären, in ein gesamtdeutsches Bildungswesen Eingang zu finden:

- Die Schulen in der DDR waren so aufgebaut, dass alle Schüler in der Regel die zehnklassige allgemeinbildende polytechnische Oberschule (POS) durchlaufen mussten. Darin waren die Unterstufe mit den Klassen eins bis vier und die Oberstufe mit den Klassen fünf bis zehn enthalten. Unterbrochen wurde dieser gemeinsame Weg unter anderem für die Schüler, die das Abitur ablegen durften. In einem anderen Absatz wird darauf noch eingegangen. Das gleiche gilt für jene sprachtalentierten Schüler, die ab der 3. Klasse an eine Schule mit erweitertem Russischunterricht (Fremdsprachenschule) wechselten; ferner auch für jene begabten und hochbegabten Schüler, die in ganz unterschiedlichen Klassenstufen an eine Spezialschule beispielsweise mit mathematisch-naturwissenschaftlicher Ausprägung, Sport oder Musik gingen. Die Ausweitung eines Netzes von Spezialschulen würde die in Deutschland (West) schon immer zu Recht geforderte und bereits vorhandene Vielfältigkeit von unterschiedlichen Bildungsverläufen sichern. Oft betreute ein und derselbe Klassenlehrer die Schüler der Klasse über die vier und der andere sie über die weiteren sechs Jahre. Die Schüler kamen aus einem festgelegten Schuleinzugsgebiet. Einige kannten sich dadurch bereits aus dem Kindergarten oder vom gemeinsamen Spielen auf den Spielplätzen der jeweiligen Wohngebiete. In den Klassen befanden sich die Kinder aller sozialen Schichten, es gab keine Auslese. Diese wurde erst für den Besuch der Erweiterten Oberschule (EOS) betrieben. Das Kind einer Arztfamilie, eines Müllfahrers, eines Betriebsleiters, einer Reinigungskraft, eines Schlossers, eines Lehrers, eines Hausmeisters, eines Ingenieurs und so weiter war dann die vier Jahre und anschließend die sechs mit den anderen zusammen. Somit lernten die Schüler sowohl die Stärken als auch die Schwächen und verschiedenste soziale Umfelder von Mitschülern kennen. Die Zusammensetzung einer Schulklasse war dementsprechend auch ein Spiegelbild der Gesellschaft und ihrer verschiedenen sozialen Schichten. Klassengemeinschaften wuchsen in den vielen Jahren zusammen. Persönliche Freundschaften, gegenseitige Anerkennungen auf den verschiedensten Gebieten sowohl des Unterrichts als auch in der außerschulischen Gemeinsamkeit prägten eine gewisse Toleranzbereitschaft und auch Hilfsbereitschaft aus. Sowohl das Ellbogendenken als eine gewisse Überheblichkeit bildeten sich nicht in dem Maße aus, weil eher ein Wir-Gefühl das Klassenklima bestimmte. Begründet wurde das durch die vielen Jahre der erlebten und gelebten Gemeinsamkeit und auch dadurch, dass sich die Eltern viel besser untereinander kannten. Das heißt aber keineswegs, dass nicht auch in den Schulen der DDR Gewalt, Drogen, Schulschwänzerei und anderes mehr vorkamen, aber niemals in diesen erschreckenden Ausmaßen, wie sie nach der Vereinigung auftreten. Über die Vorteile des Zusammenhalts und der gegenseitigen Einwirkungen solcher über viele Jahre gewachsenen Klassen hätten Ost und West diskutieren müssen.

- Es gab in der DDR nur ein einziges Bildungsministerium, welches in Zusammenarbeit mit der Pädagogischen Akademie der Wissenschaften die gesamte pädagogische Arbeit einschließlich der politisch-ideologischen Ausrichtung vorgab und kontrollierte. Auf den unglaublichen Einfluss der Partei wird im nächsten Unterpunkt dieses Kapitels noch eingegangen. Gesetze, Lehrpläne (nicht 2000 wie im vereinten Deutschland) für jedes Fach,

Schwerpunkte, Ziele, Richtlinien, Prüfungsanforderungen, Weiterbildungen als Pflicht eines jeden Lehrers und anderes mehr galten verbindlich für alle Schulen und Lehrer in der gesamten DDR. Die Mobilität (eine Forderung der Wirtschaft) der Eltern, Lehrer und Schüler, also der Umzug in einen anderen Bezirk (Bundesland) wurde damit grundsätzlich für alle gewährleistet. Die gestellten Anforderungen, Ziele, Schwerpunkte, das, was die Schüler an Wissen und Können mitbringen sollten, waren ebenfalls definiert. Die heutigen Diskussionen der Kultusminister um fachliche Betreuungen und Kontrollen der Lehrer wurden in der DDR durch ein Netz von Schulinspektoren und Fachberatern durchgeführt. Und es ist nicht verständlich, dass davon die ideologiebefreiten Teile nicht übernommen wurden. Manches Bundesland entdeckte dann Jahre später für sich, dass das doch sehr wichtig sein müsste. Anstatt das Bewährte aus der DDR-Zeit zumindest in allen östlichen Bundesländern zu übernehmen, wurde nun vielerorts herum experimentiert. Herausgekommen ist bei den neuen Formen für Weiterbildungen häufig nur ein undurchsichtiges Chaos. Die genannten Fachberater standen auch in Verantwortung für alle verbindlichen Weiterbildungen der Lehrer in der Schulzeit und in den Ferien (das war eine Anweisung) unter Leitung Pädagogischer Kreiskabinette und anderer. Dieses Netzwerk des Prozesses der Weiterbildungen bestand in fachlicher-, pädagogisch-methodischer Hinsicht und in einer für diesen Staat typisch beherrschenden Stellung des politisch-ideologischen Bereiches. Fachberater und Schulinspektoren hatten das Recht auch unangemeldet bei den Lehrern zu hospitieren (wäre heute fast ein Unding). Es gab darunter eine Vielzahl, die nur an der fachlichen und pädagogischen Seite der Lehrer interessiert waren und eben nicht nur vordergründig die politisch-ideologische Ausrichtung beurteilten. Aber es gab sehr wohl auch diese Sorte von Kontrolleuren, die braven „Diener der Partei", die vor allem die politische Seite im Unterricht auswerteten.

- Ein weiterer Diskussionspunkt zwischen Bildungsexperten in Ost und West hätten die Prüfungen sein müssen. In der DDR mussten alle Schüler der zehnten Klassen, ob sie nun noch das Abitur anstrebten oder nicht, Abschlussprüfungen ablegen. Das war die erste außergewöhnliche persönliche Herausforderung im Leben der Schüler. Sowohl im mündlichen Bereich, hierbei mindestens in zwei Fächern, aber bis fünf waren möglich, als ebenso im schriftlichen wurden die Prüfungen durchgeführt. Die Schriftlichen fanden in den Fächern Mathematik, Deutsch, in ausgewählten Naturwissenschaften und Russisch jeweils über mehrere Stunden statt. Zentral vorgegebene Prüfungsaufgaben, die für alle Schüler gleich waren, kennzeichneten die schriftlichen Prüfungen. Für jedes Fach bestanden Prüfungsschwerpunkte. Insgesamt gesehen, konnten relativ sichere Aussagen zu den verschiedenen fachlichen Lehransprüchen jeder einzelnen Schule gewonnen werden. Die Fachberater konnten dadurch in ihrem Verantwortungsgebiet eine umfassende, nahezu konkret bis auf jeden einzelnen Kollegen abgestimmte fachliche Analyse über „das Soll und das Ist", über fachliche Stärken und Schwächen vornehmen. Allerdings sollte nicht etwa gelten, dass Schülerleistungen gleichzusetzen sind mit der Lehrerleistung. Dieser Komplex ist vielschichtiger, als ihn auf diese einfache Formel zu bringen. Aber für eine Grobeinschätzung reicht die Auswertung allemal. Weiterhin hatten sie somit ganz bestimmte Anhaltspunkte für die Auswahl ihrer fachlichen Weiterbildungen, die eine Pflicht für alle Kollegen waren. Auf die verschiedenen fachlichen Unzulänglichkeiten einzelner Kollegen konnte in gezielten Hospitationen wirksam und behutsam oder fordernd Einfluss genommen werden. Das Bildungssystem nach dem westdeutschen Schulrecht sah urplötzlich keinerlei Prüfungen für die Zehntklässler mehr vor. Und dadurch traten Schwierigkeiten bei jenen Schülern auf, die das Abitur nicht schafften und somit gar keinen schulischen Abschluss, ein Abschlusszeugnis, hatten. Im Gegensatz zu den Abgängern nach der zehnten

Klasse, wurden diese Schüler automatisch in die elfte Klasse versetzt, aber nur mit einem Versetzungszeugnis versehen; auch wenn das wiederum von Bundesland zu Bundesland anders sein kann. Ohne einen Nachweis ihres Wissens und Könnens, ihrer Fähigkeiten und Fertigkeiten, ihrer Kenntnisse und Erkenntnisse, ihrer Selbstständigkeit und Selbsttätigkeit wurden nun auf einmal die Schüler nach der zehnten Klasse in das Leben entlassen. Keine Prüfungszeit, keine Erfahrungen unter erschwerten Bedingungen, keine ernsthafte Vorbereitungen auf das zu erwartende Behaupten im weiteren Leben, keinerlei Erleben wo jeder einzelne mit „seiner Bildung" steht, nichts. Erst nach und nach kommen nun mittlerweile die Kultusminister, jeder nach seinen Vorstellungen und manches im Verbund mit der KMK auf die Idee der Einführung von Prüfungen. Nun stellen sie sich hin und verkaufen das als etwas Neues, als eine Antwort auf PISA. In der Märkischen Oderzeitung vom 28./29. Februar 2004 wird verkündet, dass die beiden Kultusminister von Berlin und Brandenburg unter anderem beschlossen haben, *„... ebenso wie zentrale Prüfungen am Ende der zehnten Klasse."*[8]

Mehr als zehn Jahre später wird etwas Bekanntes aufgegriffen, das einmal ein festes Gefüge der Erfahrungen in der Bildung des Ostens darstellte. Leider auch mehr als zehn Jahre zu spät, weil vorher seitens der Kultusminister keine Bereitschaft dafür vorlag. Sie waren eben nicht bereit, auf die berechtigten Hinweise und immer wieder einmal angemahnten Forderungen seitens der Lehrer und Eltern nach diesen Prüfungen einzugehen. Warum nicht – wer weiß?

Nimmt das Bildungschaos in Deutschland weiterhin seinen Lauf? Ist es nicht einfach lächerlich und wird somit indirekt bestätigt, dass die entideologisierten (die wichtigste Bedingung überhaupt), gut durchdachten Erfahrungen mit dem Bildungssystem der DDR hätten Eingang in die westdeutsche Bildungsdebatte finden müssen? Würde Deutschland dann vielleicht national und international nicht vor diesem momentanen Bildungsscherbengericht stehen und wäre in der Bildung bereits ein Stück weiter?

- Unter allen Schulen befanden sich auch POS mit erweitertem Russischunterricht (Fremdsprachenschulen). Hierher kamen dann die Schüler aller Schulen, die ein zusätzliches Fremdsprachenangebot nutzen wollten. Gleich nach der Wende wurde sofort das Monopol dieser alles beherrschenden Fremdsprache abgeschafft. Leider auch die Form eines früheren (ab der dritten Klasse) und erweiterten (mehr) Unterrichts in einer Fremdsprache. Erst viele Jahre später wurde (wieder!) erkannt, dass es besser ist, so früh wie möglich mit dem Erlernen einer Fremdsprache (nun in erster Linie Englisch) zu beginnen. Sicherlich kam diese Einsicht vor allem auf äußeren Druck zu Stande. In Brüssel wurde 1998 beschlossen, künftig mit der ersten Fremdsprache in der 1. Klasse (oder noch eher) zu beginnen. Auch über die DDR-Erfahrungen hinsichtlich eines möglichen Beginns der Fremdsprachen hätte diskutiert werden sollen.

- Nach der achten Klasse trennten sich, meistens zum ersten Mal, für manche Schüler die Wege. Auf die Ausnahmen für die begabten und hochbegabten Schüler wurde bereits hingewiesen. Über die Vorbereitungsklassen neun und zehn erfolgte der Besuch der elften und zwölften Klassen an der Erweiterten Oberschule. Die betreffenden Schüler kamen nach der achten Klasse aus verschiedenen Schulen in die EOS. Gemeinsam legten sie das zentrale Abitur ab. Sowohl die acht gemeinsamen Schuljahre ihrer ersten Entwicklungsphase als die darauf folgenden vier Jahre waren ein sinnvoller Zeitraum einer zusammenhängenden Schularbeit. Außerdem wurde somit generell erreicht, dass die Schüler bereits nach insgesamt zwölf Schuljahren zum Abitur geführt wurden. Anstatt nach der Vereinigung auf diese Besonderheit des Schulwesens der DDR in einer Diskussion einzugehen, wurde das von den meisten Bundesländern völlig negiert.

Einige ostdeutsche Länder behielten das zwölfjährige Abitur bei. Nun, Jahre später, eigentlich viel zu spät, wird das ehemals Bewährte der DDR als eine neue und eigene Idee von manchem Bundesland angeboten. Dazu notwendige Standards werden kostenintensiv erarbeitet.

Weil in der DDR die Chancengleichheit aller Schüler sehr oft mit einer Gleichmacherei verwechselt wurde, gab es auch ein anderes Modell. Die Schüler besuchten bis zur zehnten Klasse gemeinsam die POS, und dann ging ein Teil von ihnen an die EOS zur Erreichung des Abiturs innerhalb der nächsten zwei Jahre, also bis zur zwölften Klasse.

- Nach Abschluss der zehnten Klasse bestand auch die Möglichkeit eine „Berufsausbildung mit Abitur" zu beginnen. Innerhalb von drei Jahren hatten diese Schüler dann sowohl das Abitur, die allgemeine Hochschulreife als auch einen Abschluss als Facharbeiter für einen bestimmten Beruf. Jene konnten dann erst einmal Berufs- und Lebenserfahrungen in den weiteren Jahren sammeln oder gingen anschließend sofort zum Studium an eine Fachschule. Auf jeden Fall hatten sie somit nicht nur eine bessere Vorbereitung auf das Leben, sondern die Möglichkeit sich vor dem Studium oder im Studium Geld zu verdienen, um unabhängiger zu sein. Im Zusammenwirken mit großen Unternehmen hätte diese besondere Form der Bildung der DDR zumindest diskutiert werden müssen.

- Der polytechnische Unterricht wurde in der DDR als eine Säule der Allgemeinbildung bereits vor über dreißig Jahren eingeführt. Hintergrund war eine frühzeitige Vorbereitung der Schüler auf ihr künftiges Berufs- und Arbeitsleben. Bis zur sechsten Klasse hatten die Schüler Unterricht im Fach Werken. Hier wurden sie „in das Handwerk" (herumwerkeln) eingeführt. Sie erlernten den Umgang mit verschiedenen Materialien und den Gebrauch der unterschiedlichsten Werkzeuge und Maschinen. Die Verarbeitung und die Bearbeitung im Holz- und im Metallbereich standen im Mittelpunkt der theoretischen und praktischen Ausbildung (Elektrotechnik wurde mitgelehrt). Ab der siebenten Klasse setzten für diesen Bereich die folgenden Fächer ein: Einführung in die sozialistische Produktion (ESP), Technisches Zeichnen (TZ) und Unterrichtstag in der sozialistischen Produktion (UTP), welches später nur als Produktive Arbeit (PA) bezeichnet wurde. Während ESP und TZ hauptsächlich theoretischer Natur waren, bestand UTP beziehungsweise PA nur in einem praktischen Unterricht. Dieser fand entweder in einem dafür eingerichtetem Zentrum statt und/oder in den Betrieben der Region. Lehrmeister, die über eine entsprechende pädagogische Ausbildung verfügten, gaben ihr fachliches Wissen an die Schüler weiter. Viele handwerkliche Fähigkeiten und Fertigkeiten wurden bei den Schülern ausgebildet. Der selbstverständliche Umgang mit den verschiedenen Materialien sowie den Maschinen, die Gewöhnung an bestimmte Arbeitszeiten, die Einfügung in ein Kollektiv (Team), die Einhaltung von Arbeits- und Gütenormen, das Erlernen und die Ausübung der einfachsten Tätigkeiten bis diese „in Fleisch und Blut" übergehen, die „Integrierung auf Zeit" in einem Betrieb und manches mehr wurden mit den Schülern über die Arbeit immer wieder geübt, bewertet, kritisiert, ausgewertet, benotet. In der Abiturstufe wandelte sich das Gesicht dieser Form der polytechnischen Ausbildung. Die Schüler hatten nun die wissenschaftlich-praktische Arbeit (WPA) zu absolvieren. Sie wurden in den unterschiedlichsten Bereichen der Großbetriebe oder Institutionen eingesetzt, um mit mehr oder weniger großem Erfolg (manchmal mit Langeweile) in die wissenschaftliche Forschung eingewiesen zu werden. Die Schüler mussten kleine wissenschaftliche Abschlussarbeiten schreiben und diese verteidigen. Über die polytechnische Erfahrungen des Bildungssystems der DDR hätten sich die Bildungsverantwortlichen unbedingt zusammensetzen müssen, weil es die Vorbereitung auf das Leben, auf die Arbeitswelt, auf den möglichen Beruf am Ehesten garantiert. Dies umso dringlicher, da heute immer mehr

Ausbildungsbetriebe über die unzureichende Vorbereitung der Auszubildenden klagen.

- Neben den Zensuren der einzelnen Fächer wiesen die Zeugnisse der DDR neben einer Beurteilung (Jahreszeugnis) auch sogenannte „Kopfnoten" auf. Mit Hilfe dieser Noten wurden Fleiß, Mitarbeit, Betragen, Ordnung und das Gesamtverhalten der Schüler eingeschätzt. Sie waren auf einen Blick überschaubar, um nur eine Grobeinsicht über Verhaltensnormen der Schüler zu erhalten. Einige Bundesländer haben neuerdings ähnliches, andere gar keine Einschätzungen und andere führten irgendwann unsinnige, seitenlange Worterklärungen ein. Über das Für und Wider solcher Kopfnoten hätte umfassend gestritten werden können, zumal es auch in der Bundesrepublik (West) so etwas in den ersten Jahren ihrer Gründung gegeben hat. Der schon genannte Erziehungswissenschaftler Peter Struck führt in seiner Schrift „Erziehung zwischen Kardinal- und Sekundärtugenden zwischen gestern, heute und morgen" unter anderem an:

„Wer mit Strenge Fleiß, Ordnung, Betragen und Mitarbeit als Sekundärtugenden erreichen will, setzt sich dem Verdacht aus, dass ihm die Anpassung, die Gleichschaltung junger Menschen wichtiger ist, als die aus Überzeugungen gewonnene innere Mündigkeit."[9]

Gut, das ist eine ernst zunehmende Meinung und darüber ließe sich eben streiten. Aber es ist einfach nicht nachzuvollziehen, dass den Ausbildungsstätten solch ein Chaos von Einschätzungen und Nichteinschätzungen angeboten wird.

- In der DDR-Schule war es nicht möglich, dass Schüler Fächer abwählen konnten oder sie sich individuell aussuchen durften. Es ist schon fast eine Unsitte, dass nach westdeutscher Bildungsauffassung den Schülern dafür große Rechte eingeräumt werden. Sicherlich ist es kaum von der Hand zu weisen, dass die Schüler in der Mehrheit dabei nur den einfachsten und bequemsten Weg für sich suchen. Diese verschiedenen Auffassungen hätten gemeinsam nach der Wende diskutiert werden müssen. Entscheidungen, zu wessen Gunsten auch immer, hätten nach den Erfordernissen der Gesellschaft erfolgen können.

- Der in der DDR bestandene viel höhere Stundenanteil von naturwissenschaftlichen Fächern wurde nach der Wende sehr verringert. Aber gerade diese Fächer sind besonders dafür geeignet: das logische Denken, die Experimentierfreude, das fächerübergreifende Lernen, die Kreativität, die Neugierde auf das Unbekannte, anwendungsbereites Wissen im Gleichklang zwischen Theorie/Praxis zu fördern oder anzuregen und einen problemorientierten Unterricht durchzuführen. Die Auffassung, dass in der DDR nur ein Frontalunterricht vorherrschte ist falsch. Gerade die naturwissenschaftlichen Fächer, aber auch andere, waren auch in der DDR förmlich dafür geschaffen, Probleme aller Art, besonders aus der Welt der Schüler aufzugreifen. Diese wurden dann durch eine selbsttätige Schülergruppenarbeit unter der Führung eines aufmerksamen Lehrers einer Lösung zugeführt. Manchmal erarbeiteten bei dieser Form die Schüler verschiedene Lösungswege. Ebenso sind das Lösen komplexer Aufgaben oder die Differenzierungen im Unterricht für die ehemaligen Lehrer der DDR absolut nichts Neues, das erst hätte eingeführt werden müssen. Bei vielen Hospitationen an verschiedenen Gymnasien im Westen Deutschlands stellten ehemalige Lehrer der DDR fest, dass kaum in den Naturwissenschaften experimentiert wurde. Wenn Experimente den Unterricht bereicherten, waren es dann in der Regel nur welche vom Lehrer. Als Begründung wurde gesagt, das sei wegen der hohen Sicherheitsauflagen. Gerade an den Schulen der DDR, Ausnahmen gab es, wurde überdurchschnittlich das Schülerexperiment aber auch das Schüler-Demonstrationsexperiment eingesetzt. Bei den Auswertungen ergaben die begründeten Einschätzungen der Schüler und die des Lehrers eine konkrete Gesamteinschätzung der Leistung. Vielleicht sollte auch hierbei das gemeinsame Bildungswesen etwas lernen. Hier wurden auch in einem „mehr" an Stunden die Grundlagen dafür mit gelegt, dass die begabtesten Schüler Teilnehmer der Olympiaden wurden. In Mathematik, Chemie und in Physik fanden in verschiedenen Stufen (Schule, Kreis, Bezirk, Republik, internationale Ebene) Olympiaden statt.

Der bereits zitierte Erziehungswissenschaftler Peter Struck führt ebenfalls in „Taugt die Schule..." an:

„Schule wird also zur Zeit von allen unter die Lupe genommen, selbst von Boston aus, in dem eine Kommission unter Mithilfe des Max-Planck-Instituts für Bildungsforschung in Berlin diagnostiziert hat, dass die deutschen Mittelstufen- und Oberstufenschüler in Mathematik und in den Naturwissenschaften unter vergleichbaren Staaten nur noch unteres Mittelmaß sind."[10]

Jeder angeführte Punkt aus der Bildungslandschaft der ehemaligen DDR wäre es Wert gewesen, dass die Verantwortlichen für die Bildung gemeinsam das Für und Wider ausdiskutiert hätten. Und es gäbe sicherlich noch weitere solcher Punkte ausführlich zu benennen wie: dass in jedem Fach auf den Gebrauch der Muttersprache, auf das sprachliche Ausdrucksvermögen, auf das Sprachverständnis Wert gelegt wurde bis hin zur Hervorhebung der Fehler in den schriftlichen Leistungskontrollen. Und dass in der Mathematik das Kopfrechnen trotz oder wegen der Taschenrechner zu den täglichen Übungen zählte. Aber auch andere Dinge wie der kostenlose Hortbesuch, die kostenlose Teilnahme an einer breiten Auswahl von Arbeitsgemeinschaften und ein nahezu kostenloses Mittagessen für alle Schüler und noch mehr wären zu erwähnen.

Weder das DDR-, noch das bundesdeutsche Bildungssystem sind das Maß aller Dinge. Und trotzdem, das trotzige Negieren des Bildungspotenzials der DDR war ein gravierender Fehler. Waren die Möglichkeiten einer Teilübernahme des DDR-Bildungssystems politisch nicht gewollt?

Es geht letztendlich auch gar nicht für oder gegen das Bildungssystem der DDR oder Westdeutschlands, es geht um die deutsche Bildung. In diesem Zusammenhang müssen sich alle schon die Frage gefallen lassen, ob es überhaupt „das einzige Schulsystem" und gerade „die einzige Bildung" gibt? Denn auch Bildung muss sich ständig bilden, genauso wie das dazu gehörige Bildungssystem Veränderungen unterliegen kann. Aber unsere Schüler, gleich in welchem armen oder reichen Bundesland sie die Schulen besuchen, haben einen Anspruch auf gleiche Bildungschancen, gute Bildung, auf ein berechenbares Bildungssystem ohne Ausgrenzungen, gelte das auch nur für eine bestimmte Zeit oder für nur eine Generation von Schülern. Die Bildung und das Bildungssystem unterliegen einer ständigen, fließenden Änderung, aber wiederum nicht so, dass dadurch keine Kontinuität oder Ruhe in die Schulen einziehen könnte.

Müssen wir uns nicht auch die folgenden Fragen stellen: Ist die Bildung wirklich nur eine Gesamtheit von Teilansichten wie sie beispielsweise im nachfolgenden Zitat benannt werden? Wird dabei übersehen, dass alles zusammen eben viel mehr ist als nur die Summe von allen möglichen Teilansichten? Sind nicht gerade auch die Kenntnisse über alle Wechselwirkungen (mittels der Sprache) zwischen den einzelnen Teilansichten entscheidend, um Bildung verstehen zu können?

In seinem Werk „Bildung – Alles, was man wissen muss" geht der Autor Dietrich Schwanitz auf die „Bildung" und auf das „Können" ein. Unter anderem führt er an:

„Bildung ist also ein komplexer Gegenstand: ein Ideal, ein Prozess, eine Summe von Kenntnissen und Fähigkeiten und ein geistiger Zustand."[(11)]

An anderer Stelle fährt er fort: *„Blicken wir indes auf die soziale Wirklichkeit, stellen wir fest, dass Bildung nicht nur ein Ideal, ein Prozess und ein Zustand, sondern auch ein soziales Spiel ist. Das Ziel dieses Spieles ist einfach: gebildet zu erscheinen und nicht etwa ungebildet."*[(12)]

Und er wird noch einmal genannt:

„Deshalb führt der Königsweg zur Bildung über die Sprache."[13]

Hoffentlich finden endlich die Verantwortlichen für die Bildung über den „Königsweg" zu einer gemeinsamen Sprache in einem vereinten Bildungs-Deutschland.

Das DDR-Bildungswesen – ein Ideologieprodukt

Es ist nur scheinbar erklärbar, warum so mancher in die DDR-Zeit zurück möchte. Trotz aller Versäumnisse, Fehler, Lügen, falscher Versprechungen, aber auch übertriebener Erwartungen darf bei aller berechtigter und unberechtigter Kritik niemals vergessen werden, was die Vereinigung den Ostdeutschen brachte:

Die Freiheit des Wortes und die Freiheit des Denkens!

Dieses ist ein so unwahrscheinlich hohes Gut, dass es niemals mutwillig durch eine zeitweilige Unzufriedenheit angezweifelt werden darf. Wer die Diktatur (In der DDR handelte es sich um die allzeit proklamierte Diktatur des Proletariats.) erlebt hat, müsste diese neue Freiheit des Wortes und des Denkens als einen sehr hohen, persönlichen Bestandteil seines Lebens ansehen, der so schnell durch nichts ersetzbar ist.

Niemals wäre diese jetzt gewonnene Freiheit in der DDR erlaubt worden, weil es in ihr keine Demokratie gab. Das Magazin „Der Spiegel" führte am 7. Mai 1990 mit Horst Sindermann, dem ehemaligen Präsidenten der DDR-Volkskammer und Mitglied des SED-Politbüros, ein Gespräch. Horst Sindermann äußerte sich auf eine entsprechende Frage so:

„Unser Sozialismus war administrativ, er war nicht demokratisch. Ich meine heute, wir hätten sogar einen Pluralismus wagen müssen."[14]

Der Aussage ist nichts hinzuzufügen, sondern diese ist nur zu bejahen. Es gab keine Meinungsvielfalt in der DDR, schon gar nicht in den politischen Auffassungen und kein Vertrauen seitens der Führung zu den Bürgern. Wer anders dachte, wurde diskriminiert, ausgewiesen oder verfolgt. Und wer versuchte „seinem" Staat zu entfliehen, auf den wurde geschossen. Zuträger gab es in Deutschland schon immer, aber gut organisierte besonders in der DDR. Von einer Parteienlandschaft konnte in der DDR ebenfalls keine Rede sein. Die lächerlichen Kleinstparteien wurden in der Nationalen Front auf Linie der „einzig wahren Partei" gebracht. In zahlreichen Grußadressen, die diese Parteien zu den Parteitagen der SED übermittelten, fand sich die einmütige Zustimmung für deren Politik. Und das Bildungswesen war erst recht nicht von Pluralismus geprägt, sondern häufig durch Administration und Gleichmacherei. Diese hatte mit einer Vielfalt absolut nichts zu tun. Auch das wirkte in der Bildung nahezu tödlich, weil sie die Freude auf Schule, die Ausprägung der vielfältigen Stärken der Menschen und das Niveau minderte. Wenn sich die allgemeinbildende Schule wie in der DDR geschehen am Schwächsten orientiert, damit alle Schüler das Klassenziel erreichen, bleibt die Bereitschaft zum Lernen unter Umständen auf der Strecke.

Wenn in der Bildung gilt, dass es eine notwendige, intensive, vorbildliche Förderung gibt, aber nur für eine bestimmte Zeit, dann hilft es dem Schüler und der Gesellschaft. Aus der angestrebten Förderung muss aber auch allmählich eine Forderung nach Leistung erwachsen. Wenn das alles im Verbund mit dem Mut zu einer strengen Zensierung, auch, wenn dadurch eben nicht alle das Klassenziel erreichen, durchgesetzt wird, könnte es nur gut für das Bildungsniveau sein. Auf jeden Fall darf es nicht, frei nach dem Philosophen Peter Sloterdijk im „Philosophischen Quartett" des ZDF am 15.2.2004 geäußert, dazu kommen, dass in der Bildung *„Trivialmaschinen, die von Input bis Output ohne Überraschungen sind"*[15] produziert werden.

Zum Wissen über die Bildung der DDR als ein Ideologieprodukt gehört auch der Umgang der Führung mit ihren Bürgern. Honecker musste nach vielen Massenprotesten aller Schichten der Bevölkerung (Zum Beispiel die Großdemonstration in Leipzig mit 70 000 Teilnehmern.), am 18. Oktober 1989 zurücktreten. Die politische Führung der DDR hatte endgültig den Kontakt zu ihren Bürgern und das Vertrauen von ihnen verloren. An diese Stelle tritt für den Autor im Nachhinein die Frage: Aber was war denn nun in der Bildung der DDR so unerträglich geworden, neben dem sehr wohl ideologiebefreiten Erhaltenswerten? Denn auch Lehrer, Eltern und Schüler unterstützten diesen politischen Umbruchprozess und nahmen an Demonstrationen oder Diskussionsrunden und manchem mehr teil. Im Weiteren werden einige Ausführungen zu dem im Absatz nachgefragten Unerträglichen in dem DDR-Bildungswesen angeführt:

- Es bestand keine Demokratie, keine Meinungsvielfalt, aber eine hemmende Gleichmacherei, und darüber stand eine in sich selbst verliebte Staats- und Parteiführung.

- Jeder Lehrer, jeder Klassenlehrer, jeder Schulleiter, jede gewählte Schülervertretung musste die politisch-ideologische (weltanschauliche) Arbeit besonders berücksichtigen und wurde daran auch gemessen.

- Für jedes Fach in jeder Klassenstufe musste der Lehrer, wenn er darin unterrichtete einen Stoffverteilungsplan anfertigen. Auch hier war ein verlangter Aspekt die politisch-ideologische Arbeit. Dieser Plan musste ebenfalls dem Schulleiter vorgelegt werden.

- Der Lehrer musste in seiner Unterrichtsvorbereitung weltanschauliche Aspekte (Die Lehrer nannten es „Das ideologische Schwänzchen".) benennen, wie er auf seine Schüler politisch einwirken wird. Zur Ehrenrettung der Lehrer muss gesagt werden, dass sie im Unterricht diese häufig nur umsetzten, wenn Hospitationen von den Verantwortlichen anstanden, die das unbedingt verlangten. In den Fächern, zum Beispiel in Mathematik, mussten Sachaufgaben mit einfließen, die eindeutig einen politischen Hintergrund hatten. Das waren unter anderem eben auch konkrete Aufgaben über die Nationale Volksarmee. Im Lehrplan Mathematik der Klassen 9 und 10 von 1987 steht dazu:

„... sowie durch (vereinfachte) Erörterung von Beispielen für Anwendungen auf verschiedensten Gebieten des gesellschaftlichen Lebens (Industrie, Landwirtschaft, Verkehrswesen, Handel, Militärwesen) sollen die Schüler immer besser verstehen lernen, dass die Mathematik beim Aufbau unserer entwickelten sozialistischen Gesellschaft eine wichtige Rolle spielt. ...solcher moralischer Qualitäten und Charaktereigenschaften zu leisten, wie sie für eine kommunistische Persönlichkeit kennzeichnend sind."[16]

In dem erwähnten Lehrplan Mathematik (Die Mathematik steht hierbei nur stellvertretend auch für die naturwissenschaftlichen Fächer.) wird neben vielen ausgezeichneten Zielen und Aufgaben bezüglich des Niveaus des Wissens und Könnens auch verlangt:

„...hat der Mathematikunterricht in den Klassen 9 und 10 zur Erziehung der Schüler zu gebildeten Kommunisten beizutragen..."[17]

Bei allen Ausführungen darf nicht vergessen werden, dass der Lehrplan verbindliche Ziele (sie sind Gesetz) formuliert. Völlig willkürlich wird nun aus der Unterrichtshilfe „Mathematik der Klasse 8" von 1986, für die Hand der Lehrer aus der Einleitung zitiert:

„Schließlich sei auf die Potenzen für die politisch-ideologische Erziehung eingegangen."[18]

Nun folgen richtige und von den Lehrern ohne innere Konflikte umsetzbare Aspekte, bis sie dann einmünden in:

„Bei der politisch-moralischen Erziehung ist einerseits an die Aktualität und Lebensnähe der zur Motivierung und Anwendung benutzten

praktischen Sachverhalte zu denken. Sie werden nur dann wirksam werden, wenn die Probleme und ihre Lösungen mit persönlichen Stellungnahmen und parteilichen Wertungen verbunden werden. Anderseits geht es um das Ausbilden von Charaktereigenschaften und Verhaltensweisen, die einen sozialistischen Staatsbürger auszeichnen."[19]

Bedarf es zu diesen Aussagen noch irgendeines Kommentars?

- Werden die Lehrpläne anderer Fächer oder andere Unterrichtshilfen und so weiter nachgeschlagen, so finden sich beim Lesen ebenfalls solche politisch-ideologisch orientierten Schwerpunkte oder Ziele. Noch viel problematischer gestaltete sich das in den gesellschaftlichen Fächern wie Staatsbürgerkunde, Geschichte oder Geografie. Die Bildungsministerin der DDR, Margot Honecker, äußerte sich in ihrem Vortrag „Die marxistisch-leninistische Schulpolitik..." an der Parteihochschule der SED am 7. Februar 1985 allgemein und fächerspezifisch wie folgt (zum Teil leicht gekürzt):

„In der Bildungspolitik ist unsere Partei immer davon ausgegangen, dass die Schule mitten im politischen Kampf steht, dass sie den Klasseninteressen der Arbeiterklasse, die stets Interessen aller Werktätigen sind, zu dienen hat.

Gegenwärtig arbeiten wir gemeinsam mit unseren Historikern an der Ausarbeitung eines neuen Geschichtslehrplans..., ...was die Jugend weiß beziehungsweise wissen muss...

Was muss sie wissen über den Prozess der Herausbildung der Einheit der Arbeiterklasse und die Schaffung einer einheitlichen marxistisch-leninistischen Partei...

Ausgehend davon, dass politische Erziehung immer konkretes Wissen einschließt, schenken wir der Qualität des Staatsbürgerkundeunterrichts erhöhte Aufmerksamkeit.

...den Schülern ausgewählte Grunderkenntnisse des Marxismus-

Leninismus in enger Verbindung mit der Politik der Partei zu vermitteln..."[20]

Es zeigt sich, dass gerade diese Fächer durchsetzt waren mit der Ideologie der „einzigen" Partei. Und somit sollte die Schule zu einem Machtinstrument der Mächtigen der DDR werden. Allerdings ganz so einfach ging es dann in der Praxis, gerade auch durch so manchen Lehrer, eben doch nicht. Und es gab sehr wohl Lehrer, die wegen ihrer politisch vertretenen Auffassungen, besonders nach dem militärischen Einmarsch der Warschauer Vertragsstaaten 1968 in die damalige Tschechoslowakei zur Niederschlagung des „Prager Frühlings", aus dem Schuldienst ausschieden und die in die Produktion mussten. Dies nicht in jedem Fall etwa freiwillig.

- Jeder Klassenlehrer musste einen Klassenleiterplan für die Arbeit mit seiner Klasse aufstellen. Darin waren Inhalte aufgeführt, die im Schuljahr mit den Schülern erreicht werden sollten. Gegliedert wurde in die Arbeit im Unterricht, Arbeit außerhalb des Unterrichts und in die politisch-ideologische Arbeit. Der Plan musste die Zustimmung des Schulleiters finden.

Und so weiter und so fort.

- Diese übermächtige Einflussnahme seitens des Staates, seitens einer einzigen Partei, seitens der Bezirks- und Kreisschulräte führte dann auch dazu, dass die Lehrer, besonders die Klassenlehrer, massiven Einfluss auf die Schüler nehmen sollten bezüglich der militärischen Werbung. Es wurde öffentlich auf einer Wandzeitung im Schulgebäude und in den Konferenzen ausgewertet, abgerechnet, getadelt oder gelobt. Sicherlich war das an den einzelnen Schulen unterschiedlich. Es war viel von der Haltung und Einstellung der Schulleitung abhängig. Zur Schulleitung gehörte immer auch ein Parteisekretär. In die Auswertung kamen die konkreten Angaben, wie viel jeder an Berufsoffiziersbewerbern (BOB) beziehungsweise an Berufsunteroffiziersbewerbern (BUB) gewonnen hatte. Das war eine feste Größe in den Planungen der Schulleitungen, daran wurde die Schulleitung und der einzelne Lehrer vom Schulrat gemessen. Mit den Ergebnissen stand der Schulleiter vor dem Kreisschulrat und dem Wehrkreiskommando(!) Rede und Antwort. Und bereits die jüngeren Schüler wurden über entsprechende und ansprechende Manöver (Schneeflocke) schon beizeiten darauf vorbereitet. Ersichtlich ist das auch aus den Geboten des Pioniergesetzes. Darin steht unter anderem:

„Wir Thälmannpioniere lieben und schützen den Frieden und hassen die Kriegstreiber. Frieden und Sozialismus gehören zusammen. Durch unser fleißiges Lernen und sozialistische Taten stärken wir unsere Republik, den deutschen Friedensstaat. Wir helfen allen Schulkameraden, die Pläne der Imperialisten, vor allem der westdeutschen Kriegstreiber, zu durchschauen und nicht auf ihre Hetze und ihre Lügen hereinzufallen." [21]

Wundert es dann noch, dass das Ministerium für Volksbildung das Fach Wehrunterricht als ein offizielles Fach an den Schulen einführte und somit junge Menschen im weitesten Sinne auf das Töten vorbereitete? Stolz ließen sich vereinzelte Schulleiter immer wieder einmal für einige Zeit zur Reserve der Nationalen Volksarmee einziehen. Und manchmal verwechselten sie den Schulhof mit einem Kasernenhof.

An dieser Stelle muss nachdrücklichst, auch im Nachhinein, die Arbeit der vielen Lehrer der DDR gewürdigt werden, die sich eben nicht vereinnahmen ließen. Deren Unterricht war gekennzeichnet durch eine gute fachliche, pädagogische, methodisch-didaktische Arbeit. Mit dem Klingelzeichen ließen sie die politisch-ideologischen Forderungen „allein vor der Klassentür stehen". Im Gegenzug gab es dann wieder Lehrer, die alle politischen Anforderungen gern umsetzten. Darunter einige, die auch versuchten auf andere Lehrer politischen Einfluss zu nehmen. In den sogenannten Parteilehrjahren der SED langweilten manche dieser „Parteisoldaten" ihre Kollegen mit seitenlangem Vorlesen aus der Parteizeitung, dem „Neuen Deutschland". Das Parteilehrjahr wurde nach und nach zu einer Pflicht für alle Lehrer erhoben, ob sie nun ein Parteimitglied waren oder nicht. Die Dummheit der „Vorleser" versuchte häufig einen Weg zur Selbstbestätigung ihrer kleinlichen Welt und ihres Machtinstinkts zu finden und wenn es eben nur über das Vorlesen war. Aber weder die Eltern, noch die Lehrer der ehemaligen DDR sind nun im Nachhinein die „Deppen" der Nation. Das werden sie auch dadurch nicht, wenn ein gestandener Politiker des Ostens sich über sich selbst im Bundestag so äußerte.

- Am 19. Dezember 1989 hielt Michael Schumann im Auftrag der Arbeitsgruppe zur Vorbereitung des SED-Sonderparteitags auf dem außerordentlichen Parteitag der SED eine Rede. Darin sagte er unter anderem:

„Erich Honecker und sein Politbüro konnten vor allem deshalb einen derartigen Schaden anrichten, weil ein Geflecht von Strukturen, allgegenwärtige Apparate und eine Rechtfertigungsideologie einen derartigen Machtmissbrauch ermöglichten bzw. absegneten. Die Symptome des Machtmissbrauchs liegen inzwischen offen zutage:

- *Konzentration der Macht in den Händen eines arroganten Alleinherrschers,*

- *Steuerung der Wirtschaft durch eine Kommandozentrale, der es an Verständnis für elementare Bedürfnisse der produktiven und sozialen Bereiche der Gesellschaft und für Lebensqualität der Bevölkerung fehlte,*

- *Reglementierung und bürokratische Zentralisation von Kultur, Wissenschaft und Bildung, die einen Teil unserer kritischen Geister außer Landes trieb,*

- *Politische Entmündigung der Bürger unserer Republik und Kriminalisierung Andersdenkender,*

- *Verwandlung der Medienlandschaft in eine trostlose Informationswüste und eine widerliche Hofberichterstattung,*
- *Ausgrenzung der Parteibasis aus allen innerparteilichen Willensbildungs- und Entscheidungsprozessen.*

Im Umfeld dieses Machtmissbrauchs breitete sich der Morast der Korruption und der persönlichen Bereicherung aus.

In Ablehnung von Perestrojka und Glasnost wurde die Losung ‚Sozialismus in den Farben der DDR' begründet. Heute muss man diese Zeit als ‚Stalinismus in den Farben der DDR' bezeichnen."[22]

Vielleicht dient im Nachhinein auch gerade diese Rede vom Sonderparteitag der SED dazu, dass einige der „Ehemaligen" aus der DDR, die so sehr der Nostalgiewelle frönen, Zweifel bekommen. Sollte der manchmal sehr wohl berechtigte Unmut in der Ostbevölkerung nicht trotzdem einer kühlen Überlegung weichen? Den Unmut in die zivilisierte Bahnen der gewonnenen Demokratie zu lenken: durch Abwahlen, durch Selbsteinbringung, durch das Gegenantreten bei Wahlen, durch Proteste…?

Diese einseitige politische Ausrichtung in der gesamten Bildungspolitik machte es natürlich erst einmal nach der Vereinigung schwer, sich auf einen Disput mit den Ansichten über das Bildungswesen in der DDR auseinander zu setzen. Aber dieser Weg hätte gegangen werden müssen. Das dies nicht erfolgte, ist ein nicht mehr gut zu machender Fehler und beweist nur einen alleinigen westlichen Bildungsanspruch. Wohin das nun führte, können wir an Hand der heutigen Bildungsmisere sehen. Ein sofortiges Umdenken ist deshalb unabdingbar. Die vielen guten Bildungsansprüche der DDR gehören mit aufgenommen in eine wirkliche Bildungsreform in Deutschland. Und wer nun meint, dass das Schulwesen, die Bildungspolitik, die Bildung in Deutschland gar nicht so schlecht seien, der hat in der Hinsicht Recht, dass die Verantwortlichen dafür versuchen, sich ja auch wirklich irgendwie durchzulavieren. Aber Deutschland ist, was die Bildung anbetrifft nicht gut, Deutschland ist darin nur unterstes Mittelmaß. Vor allem könnte Deutschland bedeutend besser sein, weil das notwendige darauf eingestellte Lehrer-, Schulen-, Eltern-, Schüler- und Gesellschaftspotenzial (die daran interessierten gesellschaftlichen Kräfte) in Ost und West gleichermaßen sehr wohl vorhanden ist.

Unsere Schüler in allen Schulen Deutschlands wirken als Katalysator der Gesellschaft. Durch sie werden zündende Visionen, erneuerter Idealismus und ein freierer Wille zu Veränderungen neu entstehen. Und darum müssen wir in Deutschland Ost und in Deutschland West in eine wirklich reformierte Bildung für unsere Jugend, in der das neue Denken mit einfließen muss, Geduld, Vertrauen, Zeit und viel Geld investieren.

DRITTENS

Bildungshemmnisse

PISA – Ende und Anfang der deutschen Bildung

Das Frühjahr 2002 wurde bildungspolitisch allein durch ein Wort geprägt – PISA.

Im Jahre 1847 führten Karl Marx und Friedrich Engels die Leser in das von ihnen geschriebene „Manifest der Kommunistischen Partei" mit den Worten ein:

„*Ein Gespenst geht um in Europa…*"[1]

Auch heute geistert wieder ein Gespenst herum, wenn auch nicht mit dieser gewaltigen Brisanz, das Gespenst mit dem Namen PISA. Um dieses Gespenst zu bekämpfen, traten sofort verschiedene Heilsbringer auf den Plan. Misstrauen sollte gegenüber jenen Zeitgenossen geschürt werden, die immer und sofort eine Lösung parat zu haben scheinen. Wir alle sollten aber die Ohren, die Augen und den Mund nicht mit unseren Händen verschließen, sondern sehr aufmerksam bleiben. Um ein besseres Verständnis über den Sinn oder Unsinn so mancher Lösungsargumentation bezüglich PISA zu erhalten, wird deshalb an dieser Stelle erst einmal auf den Ort Pisa eingegangen.

PISA? – Pisa, wie in jedem Lexikon oder im Internet nachlesbar, ist eine italienische Stadt in der Toskana. Und da ist der Schiefe Turm von Pisa, der vor etwa 650 Jahren fertiggestellt wurde. Zu seinem Hauptmerkmal wurde, dass er sich bereits während des Baus schräg stellte. Das ermöglichte dem berühmten italienischen Naturforscher Galileo Galilei, daran seine Untersuchungen zum freien Fall durchführen zu können. Als aufgeklärter Wissenschaftler bekannte er sich auch zur Lehre des heliozentrischen Weltbildes des polnischen Astronomen Nikolaus Kopernikus. Da es damals wie heute genug Dummköpfe in führenden Positionen gab, hier in der Gestalt von Vertretern des katholischen Klerus, musste Galilei seinen Lehren unter Androhung schwerster Folter abschwören (Ist das unter Umständen nur eine andere Form des heutigen Kopftuchstreites?). Laut mündlicher Überlieferung soll er nach dem erzwungenen Schwur und bevor er in die ewige Gefangenschaft der Kirche musste, gesagt haben:

„Und sie (gemeint ist die Erde) *bewegt sich doch."*[(2)]

Nein, der Kampf gegen Dummheit, Selbstüberschätzung, Intoleranz oder gegen das Finden der eigentlichen Ursachen auftretender Probleme ist absolut keine Erfindung unserer Zeit. Statt nach den Wurzeln der Übel zu suchen, werden zur Ablenkung, zur Vertuschung, zur eventuellen persönlichen Schuldabweisung nur kleine, dafür überlaut verkündete Korrekturen an den Wirkungen vorgenommen. Unfähigkeit, Arroganz, Besitzstandswahrung lassen von Hyperaktionismus geleitet, keinen Raum für ehrliche und echte Analysen und damit verbundene grundlegende Reformen.

Interessant bezüglich des Schiefen Turmes von Pisa ist seine Rettung. Durch die Tatsache, dass er sich nicht nur schräg stellte, sondern sich bis 1990 mehr als fünf Meter aus der Senkrechten neigte, musste umgehend und konsequent gehandelt werden. Vorher bearbeiteten ihn aus Unkenntnis bereits viele Scheinfachleute mit falschen Lösungen. Die daraus resultierenden folgenschweren Wirkungen und auch manche bürokratische Hürde ließen den Einsturz eines Leuchtturms des Weltkulturerbes immer wahrscheinlicher werden. In einem Zeitraum von zwölf Jahren und nicht in einem falschen Hauruckverfahren setzte eine großangelegte internationale Rettungsaktion ein. Die Gedanken und Erfahrungen vieler nationaler und internationaler Bau-, Statik-, Technik-, Geologie-, Kunst- und anderer Spezialisten waren gefragt und gehört worden. Mit der gebotenen Eile, aber nicht mit Hast, wurden viele

Lösungsvorschläge erbracht, diskutiert, verworfen und manches angenommen. Mit dem gebotenen Ernst, aber nicht mit einem unnachgiebigen Beharren auf eigene Erfolge oder Ideen wurden die Strukturen und die Strategien festgelegt. Das gemeinsame Nachdenken, Streiten und Suchen nach der besten, umsetzbaren und trotz hoher Kosten noch bezahlbaren Lösungsmöglichkeit rettete den Schiefen Turm von Pisa. Überdeutlich wurde, dass eine solide Grundlage die Voraussetzung für eine notwendige Sicherheit ist und eine begleitende Kontrolle zeitiger auf Missstände aufmerksam macht. Vielleicht könnten wir alle von der Rettung dieses Bauwerks aus Pisa lernen. Lernen, wenn es nun um die wirkliche und ernsthafte Rettung des nächsten schiefen Turmes des „Deutschen Bildungsturms – PISA" geht. Und obwohl darüber schon soviel in allen Medien berichtet oder geschrieben wurde, soll an dieser Stelle noch einmal oder für manchen bisher Desinteressierten das Wichtigste zu PISA erst einmal benannt werden. Vielleicht führt das zu einem besseren Verständnis bezüglich der Argumentationen.

PISA (Programme for International Student Assessment) ist eine internationale Schulleistungsstudie. Schüler der neunten Klassen beziehungsweise 15-jährige sollten ihr Wissen, ihre Fähigkeiten und Fertigkeiten bei der Anwendung dieses Wissens messen. Damit wollten die Projektgründer der OECD, der Organization for Economic Cooperation and Development, herausfinden, ob oder wie gut die Jugendlichen auf die Herausforderungen der Zukunft eingestellt sind. Von den 32 Teilnehmerländern war Deutschland mit 219 Schulen vertreten. Natürlich lässt sich über den Sinn oder wohl doch mehr über den Unsinn derartiger Mammutvergleiche trefflich streiten. Zum Ablauf beziehungsweise für die Durchführung ergeben sich doch einige Fragen, wie beispielsweise: Nach welchen Kriterien wurden die Schulen, die Klassen, die Schüler ausgewählt? Stand grundsätzlich ein Zufallsgenerator bei dieser Auswahl Pate? Haben einzelne Länder, Bundesländer oder Schulen ihre leistungsstärksten Schüler schicken können? Wurde eine

Kontrolle über die Einhaltung der Kriterien durchgeführt? Zum Beispiel werden bei vergleichbaren sportlichen Wettkämpfen auf Hochleistung getrimmte Athleten ausgewählt. Außerdem steht für solche sportlichen Spektakel sehr viel Geld zur Verfügung... Aber es ist natürlich eine wunderbare Ironie des Schicksals, dass als Name dieser Vergleichsstudie gerade die Kurzform PISA gewählt wurde. Untersucht wurden durch diesen Vergleich die Lesekompetenz, aber auch die Mathematik, die Naturwissenschaften und das fächerübergreifende Problemlösen sowie die Lernmotivation der Schüler. Dabei verstehen die Verantwortlichen dieser Studie unter der Lesekompetenz:

„Unter Lesekompetenz versteht PISA die Fähigkeit, geschriebene Texte unterschiedlicher Art in ihren Aussagen, ihren Absichten und ihrer formalen Struktur zu verstehen und in einen größeren Zusammenhang einordnen zu können, sowie in der Lage zu sein, Texte für verschiedene Zwecke sachgerecht zu nutzen. Nach diesem Verständnis ist Lesekompetenz nicht nur ein wichtiges Hilfsmittel für das Erreichen persönlicher Ziele, sondern eine Bedingung für die Weiterentwicklung des eigenen Wissens und der eigenen Fähigkeiten – also jeder Art selbstständigen Lernens – und eine Voraussetzung für die Teilnahme am gesellschaftlichen Leben."[3]

So weit, so gut! Nach dieser ausführlichen Vermittlung durch die Verantwortlichen richte sich der Blick der Leser nun in die philosophische Vergangenheit. Der deutsche Philosoph Immanuel Kant vertritt in „Zweck der Erziehung" seine Ansicht zum Lesen so:

„Bei der Erziehung muss der Mensch... kultiviert werden. Kultur... ist die Verschaffung der Geschicklichkeit.

Einige Geschicklichkeiten sind in allen Fällen gut, z.B. das Lesen..."[4]

Dagegen meint der deutsche Philosoph Arthur Schopenhauer zum Lesen in seiner Schrift „Über Philosophie und ihre Methoden":

„Lesen heißt mit einem fremden Kopfe, statt des eigenen, denken."[5]

Eine sehr eigenwillige, aber interessante, prägnante Aussage gegenüber der zitierten Erklärung der Verantwortlichen der Studie. Und wird dadurch nicht erkennbar, dass es verschiedene Auffassungen zur Interpretation des Begriffs Lesen gibt? Ist eigentlich nach der genannten OECD-Meinung bisher in Deutschland so gelehrt und geübt worden?

Von den besten Schülern wurde erwartet, dass diese aus einem ihnen nicht vertrauten Text aufgabenrelevante Informationen ermitteln, dass sie in der Lage sind textbezogen zu interpretieren, kritisch zu bewerten und Hypothesen über Informationen zu formulieren. Nur etwa neun Prozent der deutschen Schüler erreichten diese Anforderungen, und damit liegt der Anteil für Deutschland unter dem Mittelwert der OECD-Mitgliedsstaaten. Dagegen stehen bald dreiundzwanzig Prozent deutscher Schüler, die nur fähig sind auf einem elementaren Niveau zu lesen (schwache und schwächste Leser). Immerhin verwies schon vor geraumer Zeit eine in Auftrag gegebene Studie des Magazins „Stern" darauf, dass etwa zweiundvierzig Prozent der deutschen Jugendlichen nicht zum Vergnügen lesen. Das heißt mit anderen Worten, dass diese Jugendlichen außer der aufgezwungenen Schulpflichtliteratur nicht lesen. Betreffs der naturwissenschaftlichen Grundbildung konstatiert die OECD-Studie in etwa das gleiche Niveau wie beim Lesen. Deutschland ist, und das wurde den Deutschen in das Stammbuch geschrieben, international gesehen in der Bildung unterstes Mittelmaß.

Ein Aufschrei ging um in Deutschland, ein Aufschrei sofort beginnend nach der PISA-Studie! Und gleich setzte eine wahre Flut von breitgefächerten Schuldzuweisungen ein. Irgendwie gingen sie meist indirekt, trotzdem mehrheitlich in die bereits genannte Richtung mit den Worten: Die Lehrer müssen, die Eltern müssen, die Schüler müssen, die Schulen müssen, denn sie alle haben versagt, die sind „schuldig". Das Magazin „Der Spiegel" formulierte in der Nr. 46/2003 unter dem Thema „Horrortrip Schule" seine Erkenntnisse:

„Resigniert, überfordert – oder einfach nur faul? Der Berufsstand der Lehrer steckt in der Krise. Die Ausbildung ist praxisfern, der Unterricht von vorgestern. Jetzt wollen Bildungsreformer die Schule neu organisieren: mit mehr Freiheit, aber auch mehr Kontrolle. Machen die Pädagogen mit?" [6]

Und auf vielen Seiten begründen dann die für diesen Artikel verantwortlichen Redakteure sowohl viel Richtiges, Bekanntes und Empfehlenswertes als auch nur dumpfe Herabwürdigungen der Lehrer, der Eltern, der Schule. Es ist eine Mischung von sowohl ausgezeichneten Analysen, Erkenntnissen, Vorschlägen und dann leider auch von banalen, verallgemeinerten Erscheinungsbildern. Von drei Schicksalen aus Lehrerzimmern auf den Gemütszustand von vielen der 675 000 deutschen Pädagogen zu schließen, erscheint schon sehr abenteuerlich. Ebenso fragwürdig ist es, wenn die in so manchen Unternehmen eingeführten Möglichkeiten einer Arbeitszeitverlagerung bei den Lehrern als

„... die längst zu Hause bei der Familie sind, wenn andere noch im Büro sitzen oder an der Werkbank..." [7]

auszulegen. Natürlich könnte eine neue Organisationsform für die notwendigen Unterrichtsvorbereitungen, Nachbereitungen und Korrekturen geschaffen werden, beispielsweise dadurch, dass die Lehrer täglich acht Stunden in der Schule anwesend sind. Wer sechs Stunden am Stück unterrichtet hat mit den entsprechenden Pausenaufsichten, dem Wechsel der Räume oder der Gebäude, dem Aufbau der Technik oder der Experimente und den kleinen Schnellberatungen mit einem Schüler oder Fachkollegen, die sich aus den täglichen Schulsituationen ergeben, der ist erst einmal fix und fertig. Übrigens trifft das genauso auf die Schüler zu, nur, dass diese sich in der Regel viel schneller wieder regenerieren. Durch diese notwendige Erholungsphase kommt es, dass mancher Lehrer dann wirklich schon zu Hause herumsitzt. Weil aber die genannte Arbeit durchgeführt werden muss, legt er diese benötigten Stunden eben in den Abendbereich. Es ist eine klassische Form der Arbeitszeitverlagerung bei den Lehrern, welche nicht mit anderen Berufsgruppen vergleichbar ist. Dagegen erscheint der von den zitierten Redakteuren angeführte Passus sehr diskussionswürdig:

„Natürlich ist das Versagen der Schule nicht allein den Lehrern anzulasten. Die vielfach beklagte Krise der Erziehung im Elternhaus und der Einfluss der elektronischen Miterzieher im Kinderzimmer erschweren die Arbeit enorm." (8)

Damit wird von den Schreibern betont, dass vordergründig eben wie von ihnen angeführt, nur die Schule und die Lehrer versagt hätten, aber nun zumindest erweitert auch auf die Eltern und Medien, hier wohlweislich nur die elektronischen. Letztendlich ist das ein klassischer Fall von Schuldzuweisungen, wie er so auch von der Politik gern benannt wird. Wie im anderen Abschnitt dieses Buches ausgeführt, ist ein Hauptübel, dass das Schulwesen Ländersache ist. Die Grundursachen herauszufiltern, schließt absolut die Feststellung von Folgeursachen nicht aus, diese sind aber aus Sicht des Autors erst einmal zweitrangig zu betrachten. Zu der angeführten „Krise der Erziehung" oder anders ausgedrückt, von einer Nichterziehung im Elternhaus kann so allgemein nicht geredet werden. Die Zahl der Eltern, die nicht in der Lage sind ihre Kinder zu erziehen, hat ohne Zweifel zugenommen. Natürlich treten als Ursachen dafür bei einigen Eltern auch ein gewisses Unvermögen oder Gleichgültigkeit auf. Müsste nicht sofort die Frage kommen, warum sich das so entwickeln konnte? Werden die Eltern in dieser Gesellschaft eben von dieser Gesellschaft allein gelassen? Was konkret bewirkt ein eigens dafür eingerichtetes Bundesfamilienministerium für die Bürger, die sich überhaupt noch zutrauen, Kinder in dieser Gesellschaft zur Welt zu bringen? Sichert es für diese Eltern oder für ein alleinerziehendes Elternteil eine geregelte Arbeit als Grundlage eines Lebens in Würde (nicht des Überlebens durch Sozialhilfe) und damit einer einflussnehmenden Vorbildwirkung für die Kinder? Was wird für die arbeitenden Eltern getan, die durch den ungeheuren täglich neu geforderten Leistungsdruck völlig entkräftet ihre

Erziehungspflichten nicht mehr wahrnehmen können oder auch nur falsche Prioritäten setzen? Ständig geforderte Profitsteigerungen in den Unternehmen als Auswirkungen der Globalisierung und des enormen technischen Fortschritts verlangen auch von den Eltern als Arbeitnehmer Höchstleistungen. Manche Eltern sind durch diese Belastungen einfach überfordert und sparen mit ihrer Kraft an der Erziehung ihrer Kinder. Es wäre die Frage zu stellen, warum es überhaupt ein Ministerium für Familienangelegenheiten geben muss? Vor allem die Schulen haben doch ursächlich mit den auftretenden Problemen in den Familien zu tun. Deshalb sollten die Aufgaben dieses Ministeriums doch gleich der richtigen Stelle, dem Bundesbildungsministerium zugeteilt werden. Vielleicht würde dann auch besser erkannt werden, dass der Staat den Schulen bei Problemschülern zu wenig an Spielraum gibt. Manchmal müssen klare, unmissverständliche Zeichen gesetzt werden wie: „Bis hierher und keinen Schritt weiter!" Wenige Schüler müssen eben die Härte des Gesetzes beispielsweise in Form von kurzzeitigen Heimeinweisungen in Minigruppen mit gut ausgebildeten Erziehern erfahren. Keiner Schule, keinem Lehrer, keinem Mitschüler, keinem Elternteil, keinem Bürger ist es auf Dauer zuzumuten, sich einem nichterzogenen Schüler völlig ausgeliefert zu fühlen.

Die Verfasser des Spiegelartikels formulieren bei den elektronischen Miterziehern noch konkreter:

„Was sie denken, was sie sagen, was sie fühlen – MTV und RTL prägen ihr Bewusstsein und ihre Werte zuweilen stärker als Mama und Papa." [9]

Ist es aber nicht gerade ein Teil der Medien, der mit einer ungeheuren Reizüberflutung und einem „Wir haben vor nichts und niemand Achtung, wenn es nur Quote bringt" das allgemeine Bildungsniveau des Durchschnittsdeutschen auf ein „Bild-Niveau" heruntergedrückt hat? Nach dieser Haltet-den-Dieb!-Auffassung soll davon abgelenkt werden, mit welcher geballten Kraft an Eigennutz, sprich Marktanteilen, viel zu viele Medien Bildungstrivialität anbieten. Die gleichen Medien, die sich anschließend über die tumben Deutschen beschweren, versagen bei der eigenen medialen kulturellen Bildung. Wer mit gewollten Billigkeiten sein Vermögen macht, gerade auf Kosten der deutschen Allgemeinbildung, sollte mit Schuldzuweisungen vorsichtiger umgehen. Gerechterweise muss natürlich mit angeführt werden, dass es eben auch viele Millionen Deutsche gibt, die einen ausgeprägten Voyeurismus haben und den Fernseher, das Internet nicht mehr ausschalten oder die Zeitschriften dennoch kaufen. Wurde das Niedrigniveau inzwischen das Niveau zu vieler Bildungsbürger? Sind die Millionen dieser Zuschauer nur eine verschwindende, aber sehr laute Minderheit? Ist die Aggressivität der Medien beim Anbieten ihrer Produkte, den gezüchteten Sympathieträgern, den Vermarktern des eigenen „Ichs" so übermächtig geworden? Wie auch immer, ob so oder so, für die deutsche Bildung haben sie sicher kaum eine Vorbildwirkung. Schlimmer, weil nicht unbedarft, scheinen da jene prominenten Mitmacher zu sein, die den Containershows oder ähnlichen Veranstaltungen Besuche abstatten. Vor den Wahlen in ihren Mobilen präsent, huldigen sie dann dem Spaßgott, um mit allen Mitteln Wahlquote zu machen. „Deutschland sucht den Superstar, sucht den Dschungelgott, sucht die 18-Prozent-Partei, sucht den..." was für ein Bildungsniveau in Deutschland! Der Teilnehmer wird unverhofft auf den wackligen Thron des Eintagsfliegenerfolgs gehievt, und der Zuschauer steigert sich hochwichtig in einen Machtrausch (Daumen nach unten oder nach oben). Nur der Zuschauer entscheidet, ob diese Sendungen eine Ausstrahlung überleben. Und die Bühne steht bereit, bereit für gelangweilte Voyeure, Möchtegernsternchen, Selbstdarsteller, Niemands. Dank der Medienmaschinerie entsteht der Eindruck für den anfälligen Einzelnen, dass er nicht zu lernen braucht, dass er gar keine Bildung benötigt, dass er nur das Glück seines Zufalls suchen muss.

Warum darf diese kleine Gruppe in Zusammenarbeit mit einem Teil der Medien das deutsche Bildungsniveau so herunterdrücken und der Lächerlichkeit Preis geben? Ist es, weil diese sich zu Wort melden und die anderen nicht? Den 3,3 Millionen Zuschauern, die sich an der Wahl des Besten Deutschen beteiligten, sei Dank, dass sie zwar einen Daniel Küblböck weit vor Friedrich Schiller, aber immer noch weit hinter Konrad Adenauer platzierten. Wahrscheinlich wären wir ansonsten in der UNO oder der Kanzler bei einem Besuch in Brüssel stark in Erklärungsnöte gekommen. Aber Politiker und Programmdirektoren hätten ja dann auf das schlechte Abschneiden bei PISA verweisen können; und dass diese Sendung nun die deutsche Antwort auf PISA sei. PISA? PISA ist doch nicht nur in den Schulen. PISA ist überall in Deutschland. Deutschland benötigt keine Unwetter, Erdbeben, Missernten – Deutschland spaßt sich ganz allein in die Katastrophe. Und so ganz nebenbei auch in eine Bildungskatastrophe, wenn wir nicht rechtzeitig wachsam werden.

Die Medien sind sehr wichtig und wir brauchen sie als kritischen Gegenpol und als Spiegel innerhalb der Gesellschaft, zur Bildung, zur Information, zur Unterhaltung und zur Meinungsbildung. Sie legen vielfach den Finger in die Wunden des Machtmissbrauchs, der Vetternwirtschaft, der Korruption. Aber sie tragen auch eine Kulturverantwortung hinsichtlich der deutschen Sprache, des Bildungsniveaus und sind quasi ein Wertewächter. Umso schwerer wiegt es, dass dieser Seismograf der Gesellschaft nicht nur die gesellschaftlichen Erdbeben aufzeichnet, sondern die Dumpfheit und Dummheit überhaupt erst in großem Stil gesellschaftsfähig macht. Die Sucht, dem Alltag, der Tristesse zu entfliehen, gebiert die Sucht nach dem Kick, nach Trends, nach Aktionen ohne Grenzen. Francisco Goya, spanischer Altmeister der Malerei, würde heute vielleicht nicht mehr „Angst gebiert Dämone" sondern „Langeweile gebiert Dämone" als Radierungen hervorbringen. Soll nicht viel zu oft die Suchtmaschine nur die Langeweile der Freizeit überbrücken? Junge Menschen empfinden häufig die Familienbehütung als langweilig. Und hier könnte das sehr wohl vorhandene Potenzial der Medien einsetzen, für eine Kultur der Freizeit, statt einer

Unkultur der niedrigen Instinkte da zu sein. Diese Medien gibt es sehr wohl, sie sind wahrscheinlich in der Überzahl, aber sie sind nicht so leicht zu konsumieren. Nur über gewisse Einsichten der Krawallmedien und nur über deren Einlenken (nicht über ihre Verbote) können auch die äußeren Bedingungen für eine Bildungsreform mit beeinflusst werden. Den Gesamtkomplex aus Bildung und Erziehung der Kinder und Jugendlichen nur auf die Schule, Lehrer, Eltern und Schüler zu reduzieren, reicht nicht mehr. Nur die Gesellschaft im festen Verbund mit allen Medien, sie zusammen müssen diese Herausforderung annehmen. Der einzige Grund, warum auf den vorangegangenen Seiten so ausführlich die Medien betrachtet wurden ist, weil Bildung und Medien, beide, ein hohes zu schützendes Kulturgut sind.

Die Palette des Versagens ist doch vielschichtiger, als uns das die Politik nach PISA nur für den Bildungsbereich weismachen möchte. Welcher Politiker, Bundesminister, Ministerpräsident, Landesminister trägt schon die Verantwortung für ein wirtschaftliches Versagen? Natürlich darf der genannte Personenkreis auch Fehler, selbst schwerwiegende Fehler begehen. Aber wer die Steuergelder durch mangelndes Wissen, aus Unfähigkeit, dazu zählt auch die Gutgläubigkeit, aus Machtarroganz, aus Selbstüberschätzung immer und immer noch einmal zum Fenster hinauswirft, hat derjenige nicht versagt? Leuchttürme der Wirtschaft – für Tausende von Arbeitnehmern sollten in Brandenburg entstehen: Der Lausitzring, der Cargo Lifter, die Chipfabrik, Flughafen Berlin-Schönefeld... Geblieben sind die Türme zerstörter Hoffnungen und der Wegzug der Entwurzelten in ein westliches Bundesland. Nein, hört endlich mit diesem ausschließlichen Versagen der Lehrer, Eltern, Schüler und Schulen auf! Versagt hat die gesamte Gesellschaft aus unterschiedlichen Motiven. Bereits in den 60er Jahren wurde in der BRD der Bildungsnotstand ausgerufen. Im Bildungswesen sollten alte Zöpfe abgeschnitten werden und die Bildungsinhalte den modernen Auffassungen der sich entwickelnden Gesellschaft entsprechen. Doch es scheint, solange es der Gesamtgesellschaft wirtschaftlich gut ging, wurden die bereits vorhandenen Bildungsschwächen einer veralteten Bildungspolitik nicht konsequent reformiert. Die Arbeitnehmer mit ihren goldenen Händen konnten doch lesen, schreiben und rechnen. Glaubt denn jemand im Ernst, dass bei einem Vergleich die älteren Deutschen unbedingt klüger waren, als sie so alt waren wie die Jugend, die es heute betrifft? Ist es da gerecht, wenn auf einmal nur sie die Schuld der eklatanten Versäumnisse aller bisherigen Bildungsgewaltigen auf sich nehmen soll? Im „Das Grundgesetz verstehen" von Ernst Heinrich v. Bennewitz und Konrad v. Bonin von, man beachte, 1976, kommen die beiden Verfasser unter anderem zu folgenden Erkenntnissen:

„...*auch wenn das Schulsystem im einzelnen vielfach mangelhaft und verbesserungsbedürftig ist (zu große Klassen, zu wenig Lehrer, unzureichende Räume, verfehlte Unterrichtsmethoden, falsche Lernziele und Lerninhalte, etc.).*"[10]

Klingt es da nicht wie ein Hohn, wenn heute fast drei Jahrzehnte nach diesen Aussagen die Kultusminister schwerwiegende Fehlentwicklungen im Bildungssystem feststellen? Und genauso gilt das für den bereits zitierten Beitrag „Horrortrip Schule" des Magazins „Der Spiegel", selbst, wenn darin viele gute Hinweise enthalten sind. Alles was jetzt auch immer über die momentane deutsche Bildungsmisere gesagt wird, ist so gesehen erst einmal unrichtig, weil die Ursachen schon so lange und tief in einer falschen Entwicklung der Bildungspolitik zu finden sind. Die Wirtschaft, die Großkonzerne, die bestehenden Leuchttürme wirtschaftlicher Macht fordern berechtigt eine hohe Bildung ein. Aber wo ist der ständige eigene hohe Bildungsanspruch der Verantwortlichen dieser Wirtschaft? Wieso konnte es zu diesem gewaltigen Desaster aus Versprechungen und Selbstüberschätzung der Giganten der deutschen Wirtschaft wie Deutsche Telekom und Daimler Chrysler als Gesellschafter des Mautkonsortiums von „Toll Collect" kommen? Natürlich war dieser Auftrag eine technische Spitzenherausforderung von aller erster

Güte. Aber bei der nun einmal vorausgesetzten entsprechenden Bildung der verantwortlichen Spitzenmanager hätten der neue Wissenserwerb, die technische Umsetzung, aber zumindest eine richtige Zeitschiene zur Einführung einfach klappen müssen. Zugegebenermaßen ist die Umsetzung des Mautsystems inzwischen erfolgreich gelungen, aber dem Bund gingen erst einmal Einnahmen in Milliardenhöhe für immer verloren. Eingeforderte Bildung ist eben nicht immer nur die Bildung des anderen, sondern auch die eigene. Und damit beinhaltet Bildung auch die persönliche Einschätzung was ich selbst kann, frei von jeder Selbstüberschätzung.

Die deutsche Bildung und damit auch die Allgemeinbildung müssen endlich wieder als ein wichtiges Kulturgut betrachtet werden. Und dafür müssen alle etwas tun und nicht nur ablenkend anklagen. Es gibt in allen Einrichtungen und in allen Tätigkeitsfeldern auch Faule und Unfähige. Solche Personen sind bei den Ärzten, Handwerkern, Arbeitern, Reinigungskräften, Geschäftsführern, Politikern, Managern, Taxifahrern, Redakteuren und, und, und zu finden, und ebenso auch bei den Lehrern. Beträgt dieser Personenkreis hochgerechnet fünf (Sind das etwa auch jene mit dem nicht erstrebenswerten Fernsehgeschmack, besser Ungeschmack?) bis zehn oder gar einmal ganz vereinzelt bis zu fünfzehn Prozent? Wer weiß das schon genau? Lehrer haben in der Regel ebenso wenig wie die Ärzte oder der Pfarrer eine Berufung. Sie hatten ein Motiv und das darf eben auch einmal ein nicht gerade nur edles sein. Vielleicht war es der Reiz einer gewissen Machtausübung, Geld, der unselige erstrebte Beamtenstatus und daraus resultierend fast eine Unkündbarkeit, langer Urlaub, Sicherheit im Alter? Natürlich ist das nicht gut, weil es hierbei um die Erziehung und Bildung junger Menschen geht, aber es ist in der Praxis einfach so, wie in jedem Beruf. Der Altkanzler Konrad Adenauer hat einmal gesagt:

„Nehmen Se die Menschen wie se sind. Andere jibt et nich."[11]

Besser wäre es, wenn es realere Möglichkeiten gäbe, solche Personen aus dem für sie falschen Tätigkeitsbereich für immer auszuschließen. Das versuchen sie einmal mit einem verbeamteten Lehrer. Und steht auch noch das Schulamt hinter solch einem Beamten, dann gibt es einfach kaum eine Chance. Gehäufte Fehler zum Nachteil der Schüler, nachzureichende Prüfungsaufgaben wegen fachlicher Mängel – nichts hilft. Aber es muss hier auch eindeutig gesagt werden, dass verbeamtete Lehrer keineswegs fauler sind als die nicht verbeamteten, nur sie sind eben auch um keinen Deut fleißiger. Hinsichtlich der Verbeamtung von Lehrern schrieben die Redakteure des angeführten Spiegelartikels „Horrortrip Schule":

„Dass Lehrer noch immer in den meisten Bundesländern verbeamtet werden, gilt Kritikern ohnehin als eine der größten Fehlentwicklungen im deutschen Bildungswesen. Ihre Besoldung hängt kaum davon ab, was sie leisten – was zählt, ist hauptsächlich das Dienstalter.

Dass der Verbeamtungsirrsinn bald gestoppt wird, damit ist kaum zu rechnen."[12]

Und Schulräte kennen ebenfalls ihre Macht und mancher ist nicht davor gefeit sie auszuleben. Öffentliche Ausschreibungen für die Besetzung von Stellen ist die eine Seite. Die andere ist, dass es Beispiele gibt, wo von vornherein der Kandidat schon fest steht, trotz aller erst noch durchzuführenden Konferenzen. Und wenn alle diese genannten Beispiele nur ein einziges Mal auftreten, selbst dann wären sie einmal zuviel. Wie sang die bekannte Sängerin Milva: Vor dem Gesetz sind alle gleich… manche sind nur etwas gleicher…

Nach der Entzauberung der deutschen Bildung

Wundervolles Deutschland! So groß gewordenes Deutschland! Bevölkerungsreichstes Land nach der Vereinigung in der Europäischen Union! Du Land der Denker, der Dichter und der Wirtschaftslenker! Du reiches Land, Land der Millionäre, Land des

Geldes, Land des Reichtums! Deutschland, das Land der gemütlichen sechzehn Ländchen, wurde gedemütigt, zutiefst gedemütigt durch PISA! Deutschland sei das Land vieler Unkundiger im Lesen, Rechnen und auch in den Naturwissenschaften? Ja, das kann es doch wohl nicht geben, da muss doch endlich ein Machtwort gesprochen werden...

Das bekannte Ergebnis hat viele Schwächen unserer Gesellschaft offen gelegt. Und darüber nun zu diskutieren und Entscheidungen zu treffen und diese dann auch erfolgreich umzusetzen, ähnlich wie beim Schiefen Turm von Pisa, darin liegt die eigentliche Chance für das vereinte Deutschland. Und so betrachtet war PISA letztendlich vielleicht sogar ein Glücksfall für uns Deutsche. Allein schon diese schmerzhafte Erkenntnis, dass wir eben nicht die Größten sind, zu denen wir uns zumindest unterschwellig gedacht zählen möchten, wäre doch schon eine die Bildung voranbringende Einsicht.

Nach der internationalen Entzauberung der deutschen Bildungspolitik setzte eine Phase tiefer Betroffenheit, Fassungslosigkeit und einer gewissen Sprachlosigkeit ein. Dieses Ergebnis war nicht erwartet worden. Niemals existierte im Denken der Kultusminister so eine abartige Möglichkeit. Ausgerechnet erst im Mai 2001, wie im ersten Kapitel bereits angeführt und zitiert, hatten sie den KMK-Beschluss gefasst über: „Weiterentwicklung des Schulwesens in Deutschland seit Abschluss des Abkommens zwischen den Ländern..." Darin, im letzten Absatz des Punktes IX., ist die zitierte Aussage enthalten:

„...*oder bei internationalen Vergleichen von Schülerleistungen, kommt dabei besondere Bedeutung zu.*"[13]

Ja, da ahnten sie wohl noch gar nicht, wie PISA enden könnte. Noch im Juni 2001 schätzte der zuständige brandenburgische Minister auf der Bildungskonferenz der SPD „Demokratie braucht Erziehung" in Potsdam ein:

„*Brandenburger Schule ist eine gute und leistungsfähige Schule. Sie gehört schon jetzt in vielen Vergleichspunkten zu den sehr guten. Andere nehmen das von außen oft besser wahr als wir von drinnen.*"[14]

Immerhin attestierte PISA der „sehr guten" Brandenburger Schule einen der vorletzten Plätze in Deutschland. Das Umdenken, der Neuanfang muss in erster Linie, wie im anderen Kapitel ausführlich begründet, bei einer Neuordnung der Bundeskompetenz, also fort mit „Bildung ist Ländersache", beginnen.

Statt aus dem Vorgehen zur Rettung des Schiefen Turms von Pisa eine kostenlose Anleihe aufzunehmen, setzten nun Schnellschüsse von Schuldzuweisungen in der Gesamtgesellschaft ein. Zumindest waren diese ein Zeugnis dafür, wie Deutschland unter dieser Schande litt. Scheinbare Lösungsvarianten wurden von vielen Sach- und Nichtsachkundigen öffentlich gemacht. Darunter sowohl ausgezeichnete, als auch weniger bedachte Vorschläge. Beispiele unter vielen sind:

- Mehr Aufmerksamkeit der Vorschulerziehung schenken, das heißt, im Kindergarten oder auch zu Hause das Sprechen sowie das Lesen und die Zahlen einfachster Art zu üben,
- Öffnung von Kinderbetreuungseinrichtungen für Eltern zum Erleben,
- Frühförderprogramme für Zwei- bis Vierjährige aus belasteten Familien,
- Schüler ab dem fünften (auch vierten) Lebensjahr in die Schule aufzunehmen,
- Schülern müssen höhere Leistungen abverlangt werden,
- Schüler bis 14 Jahre dürfen nach 20.00 Uhr nicht mehr auf die Straße, außer in Begleitung von...,
- Einführung einer neunjährigen (zehnjährigen) Volksschule (Grundschule, Sekundarschule) für alle,
- Einführung eines Zentralabiturs der jeweiligen Länder,

- Vergleichsarbeiten in Grundschulen,
- Eltern sind für die Erziehung ihrer Kinder verpflichtend verantwortlich,
- Lehrer müssen sich verpflichtend ein Berufsleben lang weiterbilden,
- Lehrer müssen eine stärkere Kontrolle erfahren,
- Lehrer sollen mehr gewürdigt werden (Lehrertag),
- Lehrer brauchen mehr Zeit für die Schüler,
- Lehrer müssen nach etwa zehn Jahren einen Schulwechsel vornehmen,
- Hohe Anzahl von Ganztagsschulen (Als die geheime Wunderwaffe oder als das neue Allheilmittel?),
- In jeder einzelnen Schule vor Ort müssen eigene Reformideen mobilisiert werden,
- Vorschläge, Vorschläge, Vorschläge...

Vieles, was bisher über die PISA-Studie und in der Zeit danach zu hören oder lesen war, bestärkt nur die Auffassung, dass sich eigentlich nichts Grundlegendes am deutschen Bildungssystem ändern wird. Und ist denn überhaupt eine tiefgreifende Änderung gewollt und gewünscht oder wird nur wie überall in der Gesamtgesellschaft an der Oberfläche der Bildung herumpoliert? Wo ist das wirkliche Nachdenken für echte und tiefgreifende Veränderungen, frei von den Nebelkerzen so mancher Selbstinszenierung und vorschnellen Profilierungsneurosen – ein Nachdenken über die Zeit nach PISA? International sollten wir den Mut aufbringen, zu dem blamablen PISA-Ergebnis zu stehen. Unsere bittere, erteilte Lektion gelernt zu haben würde eben heißen, das Nachdenken zu wollen und uns Zeit zu nehmen für ein Nachdenken und für die daraus resultierenden Umsetzungen, die ähnlich wie beim Schiefen Turm von Pisa einen Zeitrahmen von mehreren Jahren verlangen. Alles andere wäre keine echte Reform, sondern Flickschusterei und eine Verschleierungs-, Verdrängungs- und Verschleppungstaktik – also alles wie schon gehabt. Eine sofortige Teilnahme an weiteren Wettbewerben könnte unter Umständen zu einem verheerenden Aktionismus führen. Deutschland wäre es sich dann selbst schuldig zu zeigen, dass es in der Bildung nicht das Niveau eines Entwicklungslandes erreicht hat. Vielleicht würden dann ganz schnell Eliteschulen gebildet (sehr gut ausgerüstet versteht sich) und Eliteschüler (Hochleistungssportler der Bildung) getrimmt werden, die das Image des deutschen Bildungswesen in einem scheinbar guten Licht darstellen müssten. Bekennen wir uns zu den Ergebnissen von PISA, aber bestimmen wir die Zeiten weiterer Teilnahmen erst nach umfassenden Bildungsreformen.

Wie für den Leser erkennbar, wurden viele Maßnahmen von allen Seiten vorgeschlagen, meistens von politischer Ebene. Diskutiert wurde in vielen Medien, zum Beispiel auch bei Frau Sabine Christiansen. Aber egal, wo etwas über die Bildung öffentlich gemacht wurde, ein Punkt fiel auf (wenn einmal auf kleine Regionalblätter nicht eingegangen wird): Inhalte des Bildungswesens der DDR spielten kaum ein einziges Mal eine Rolle. Noch schlimmer, sie wurden kaum einmal erwähnt. So manches, was nun verlangt wurde, hat das Bildungswesen der DDR in anderem Kontext bereits durchgeführt. Und deshalb sind Sendungen mit dieser Thematik schlecht recherchiert. Da werden Vorschläge unterbreitet, die längst in einem Teil Deutschlands, vielleicht möchte jetzt mancher im schwächsten Teil hören, zur normalen Schulpolitik gehörten. Vierzig Jahre Bildungspolitik in der DDR immer noch völlig zu ignorieren und das, obwohl die eigene deutsche Bildungspolitik (westdeutsche) versagt hat, ist schon unglaublich dreist. Es entsteht der Eindruck, als ob mit der geballten Kraft der Gesellschaft (West?) gezeigt werden soll, dass die Deutschen (Ost) nichts aber rein gar nichts hatten, was es Wert wäre, darüber wenigstens einmal ernsthaft ins Gespräch zu kommen. Das riecht nicht nur nach einer Siegermentalität.

Mögliche Diskussionsvorschläge einer breiten Schicht aller für die Bildung Verantwortlichen und aller, die sich Deutschland verpflichtet fühlen, die es gut mit Deutschland meinen, könnten ohne eine Rangfolge unter anderen sein:

1. Deutliche Vorstellungen in Deutschland (Europa?) schaffen, was wir künftig grundsätzlich unter Bildung verstehen wollen. Es muss uns klar werden, dass Bildung nicht nur eine Checkliste bestimmter Fähigkeiten ist, die in internationalen Vergleichen ermittelt werden.
2. Die sofortige Abschaffung der sechzehn Kultusministerien. Durch eine Grundgesetzänderung geht die Verantwortung für die Bildung zum Bund über.
3. Durch eine entsprechende Änderung gibt es im Bund nur noch ein Ministerium, das gleichzeitig für Bildung und Familie verantwortlich ist.
4. Die Amtszeit in ein und derselben Funktion darf für alle gewählten Funktionsträger aller Ebenen etwa zwei mal fünf Jahre nicht überschreiten.
5. Es müssen grundlegende Teilreformen in der Gesamtheit der Bildungspolitik in einem zeitlich vertretbaren Rahmen eingeführt werden –

Teildiskussionspunkte:

- Übernahme von guten, entideologisierten, erprobten, fachlichen und pädagogischen Ansichten der Bildung aus der DDR.
- Statt der antiquierten, von der Zeit überrollten Dreiklassenschullandschaft muss eine gerechtere, neue Schulform installiert werden.
- Jeder Schüler muss gefordert werden und hat einen Anspruch auf Förderung. Das Recht auf Bildung schließt sowohl persönliche und gesellschaftliche Pflichten als auch Erziehungsaspekte wie unter anderem das Verhalten ein.

- Begabungen sind besonders zu fördern. Spezialschulen für die Entwicklungen von Begabungen verschiedener Richtungen müssen auf- und ausgebaut werden, auch länder- und staatenübergreifend.
- Der weitere Ausbau von Privatschulen wird gefördert. Geringe Klassenstärken, gut ausgerüstete Räume, engagierte Lehrer durch Auslese, vor allem kaum Unterrichtsausfall, besondere schulische Angebote rechtfertigen diese Form der Bildungsanstalten. (Eine Klausel könnte sein: Aufnahme von etwa 10 bis 20 Prozent leistungsstarker Schüler aus sozial schwachen Familien in Form eines Stipendiums.)
- Ein Gleichgewicht zwischen gebildet werden und Selbstbildung ist angestrebt. Dieses ist für das Denken, das Lesen, für die eigene Weiterbildung und damit für die Selbsterfahrung eine wichtige Voraussetzung.
- In den Bildungsstandards muss es um anwendbare Kompetenzen gehen. Die Schüler müssen befähigt werden, dass sie mit dem erlernten Wissen sicher umgehen können. Hinsichtlich seines Wissens und Könnens müssen von jedem Schüler grundlegende Mindestanforderungen verlangt werden dürfen.
- Voraussetzungen für ein lebenslanges Lernen schaffen; die Ausprägung des Willens durch Fähigkeitsentwicklungen und Anstrengungsbereitschaft legen den Grundstein für einen selbstständigen Wissenserwerb.
- Gemeinsames Handeln von allen Bildungsträgern und Erziehungsverantwortlichen in der Gesellschaft; fehlende Finanzen entschuldigen keineswegs hohe Klassenfrequenzen, verschlissene Schulen oder die Nichteinstellung notwendiger Lehr- und Erziehungskräfte.
- Um die Einflussnahme des Staates zu verringern, die schöpferische Vielfalt auszuprägen und die kreative Selbstgestaltung

zu vergrößern, erhalten die Schulen oder ein Schulenverbund grundsätzlich mehr Eigenverantwortung.

- Schulen bekommen wieder Sicherheit und Perspektiven für alle Beteiligten.
- Der Sonnabend wird wieder ein (halber) Unterrichtstag, um die Stundenanzahl zu erhöhen.
- Die guten Erfahrungen in der Bildung und Erziehung aus Ost und West, aus jedem einzelnen Bundesland, aus den Spitzenländern von PISA, aus der Vergangenheit, der Gegenwart und auch vor allem der gedachten Zukunft werden auf eine mögliche Übernahme überprüft.
- Und, und, und...

PISA fällte ein vernichtendes Urteil über deutsche Bildungsarroganz von Jahrzehnten. Es ist aber auch die erste echte Chance einer wirklichen Vereinigung der beiden ehemaligen deutschen Staaten auf gleicher Augenhöhe. Das begangene Unrecht an den Lehrern der ehemaligen DDR, ihre Diskriminierung und Erniedrigung könnte somit endgültig aus der Welt geschaffen werden. Damit würden sie endlich ihre Würde zurückerhalten, die ihnen nach der Vereinigung durch die völlige Missachtung ihrer pädagogischen Leistungen genommen wurde. Überdeutlich tritt zu Tage, dass die deutsche Bildung, das deutsche Bildungssystem in den Grundfesten reformiert werden muss. Eine Reformierung von Anfang bis Ende, ohne Wenn und Aber. Dann könnte gelten, was der Philosoph Friedrich Nietzsche in seinem Werk „Also sprach Zarathustra" aussprach:

„An meinen Kindern will ich es gut machen, dass ich meiner Väter Kind bin: und an aller Zukunft – diese Gegenwart!" [15]

Wie weiter? – Diskussionsansätze

Im Folgenden soll der Versuch unternommen werden, einige benannte Thesen, Auffassungen, Aussagen, die zum Nachdenken und zur Diskussion anregen sollen, ohne eine Reihen- oder Rangfolge durch Beispiele etwas näher zu erläutern:

- Die bereits genannten Autoren Ernst Heinrich v. Bennewitz und Konrad v. Bonin führten weiterhin an anderer Stelle im erwähnten „Das Grundgesetz verstehen" aus:

„Dennoch erhalten nicht alle Schüler in der Bundesrepublik die gleiche Ausbildung. Einige verlassen die Schule mit Hauptschulabschluss, einige erlangen die „Mittlere Reife", einige schaffen das Abitur und studieren an einer Hochschule; viele werden jedoch schon entlassen, bevor sie die Abschlussklasse der Hauptschule überhaupt erreicht haben."[16]

Beide Autoren sahen als Grund dafür, vor fast 30 Jahren, die noch immer nicht verwirklichte volle Chancengleichheit im Bildungswesen. Klingt es da nicht wiederum wie ein Hohn, wenn die Kultusminister im ersten „Bildungsbericht für Deutschland" über schwerwiegende Fehlentwicklungen im Bildungswesen klagen?

- In der Einführung zur 35. Auflage des Grundgesetzes führte Herr Prof. Dr. Günter Dürig aus:

„In einem Bundesstaat gibt es viel unpopuläres Zeug, Kompetenzstreitigkeiten um das Fernsehen, Schulwirrwarr usw."[17]

Untersuchen wir etwas konkreter diesen Wirrwarr der verschiedenen Schulformen des gegliederten Schulsystems. Es bedeutet für die Schüler eine frühkindliche Auslese von außen, vielfach gegen den eigenen Kinderwillen. Durch die Willkür des Herausreißens aus der festen Klassengemeinschaft, die einen sozialen und sicheren Raum für die Entwicklung der Kinder bietet, werden sie einer Kaste zugeordnet, der sie selten entrinnen können. Einmal Hauptschüler – immer Hauptschüler, begleitet die meisten dieser Schüler ein Leben lang. Obwohl gerade in diesen Einrichtungen die Lehrer um eine gute pädagogische Arbeit bemüht sind und es auch einige wenige Vorzeigeschulen dieser Schulart gibt. Von den Schülern der höheren Schulformen häufig belächelt, prägen diese kindlichen Erniedrigungen den künftigen sozialen Status. Die Vorurteile in der Gesellschaft sind oft viel stärker als eine gute schulische Arbeit.

- Gegenüber der „Märkischen Oderzeitung" (Brandenburg) monierte unter der Überschrift „Einheitsschule: Streit der Parteien dauert an" die bildungspolitische Sprecherin der CDU in Richtung der SPD-Bildungspolitiker:

„... die Debatten, die einzelne Sozialdemokaten ‚aus der zeitgeschichtlichen Mottenkiste' zögen, seien in der Bundesrepublik bereits vor 30 Jahren geführt worden. Untersuchungen hätten aber gezeigt, dass das gegliederte Schulsystem die Individualität des Menschen berücksichtige." [18]

Dem zweifelhaften Anspruch dieser ehemaligen DDR-Lehrerin, die das Gesagte ja nicht aus eigener Erfahrung kennt, sondern das Gehörte aus Parteiräson oder Überzeugung weitergibt, steht die Aussage der finnischen Schulministerin gegenüber. Im Artikel von Hartmut Holzapfel, bis 1999 Kultusminister von Hessen, in der Zeitschrift der Bildungsgewerkschaft GEW wird von ihm dazu ausgeführt:

„Natürlich fühlt sich die sozialdemokratische Schulministerin darin bestätigt, dass das Land die richtige Entscheidung getroffen hat, als es vor nunmehr dreißig Jahren Abschied vom selektiven Schulsystem nahm." [19]

Ist es da aber nicht sehr erstaunlich, dass gerade die finnischen Schüler bei der PISA-Studie im Lesen den ersten Platz weltweit belegten? Wohlgemerkt trotz, oder sollte nicht doch besser gesagt werden, weil sie das unselige gegliederte Schulsystem abschafften? Mit anderen Worten, die KMK und damit die Kultusminister haben vor dreißig Jahren den Zug der neuen Zeit nicht erkannt und fuhren die deutsche Bildung altväterlich in eine Sackgasse. Nein, die Einteilung in Kasten und damit die Zuweisung in eine Niedrigstufe ist nicht mehr zeitgemäß und menschlich verwerflich, auch wenn diese sicherlich einmal richtig, notwendig und das Beste war. Hierbei wird nicht nur sozialer Sprengstoff vorprogrammiert, sondern es ist auch eine Vergeudung von Ressourcen. Geschätzte etwa vierzig Prozent der deutschen Teilnehmer an PISA waren Schüler eines Gymnasiums. Von den deutschen Schülern aller Schulformen haben nicht einmal neun Prozent die besten Ergebnisse geschafft. Worin liegt nun der bildungspolitische Sinn oder besser Unsinn des gegliederten Schulsystems? Verachtung, Neid, Egoismen bilden sich durch diese Selektierungen verstärkter bei den Kindern aus. In einer festen, über viele Schuljahre (acht oder neun?) gewachsenen Klassengemeinschaft spiegelt sich das wirkliche Leben viel ausgeprägter wieder. Die Schüler erleben hierbei die Schwächen und die Stärken der Mitschüler und erfahren eher Hilfen und Anerkennung und sind somit besser auf ein Leben in und mit der Gesellschaft vorbereitet. Das Ellbogendenken der Wirtschaft wird dabei natürlich nicht so im Vordergrund stehen. Was schrieb dazu die Wochenzeitung „Die Zeit" unter Berufung auf das Protokoll der internationalen Expertengruppe im Auftrag der OECD:

„*Die einmalige Trennung von Hauptschülern, Realschülern und Gymnasiasten führe zu einem versteinerten Schulalltag...*"[20]

- Haben deutsche Schüler ein zuviel an Freizeit durch Ferien und relativ geringerer Unterrichtsstundenanzahl? Das könnten die Statistiker eindeutig klären. Gegenüber den anderen großen Industrienationen stimmt das ja wohl auch. Eine Möglichkeit bestände darin, dass am Sonnabend eine bestimmte Stundenzahl, bis Mittag (?), künftig wieder gehalten wird. Die Schüler hätten ohne weitere Umstellungen einige Wochenstunden mehr, zum Beispiel für jene Fächer, in denen wir international so versagten. Weiterhin könnten sie nicht ab Freitag die Straßen unsicher machen, da sie schulisch sinnvoll eingebunden sind. Manche Probleme, die sich generell aus einem Übermaß an Freizeit und Freiheiten ergeben, könnten somit vielleicht eleganter gelöst werden. Der jahrelange Feldzug der Gewerkschaften für eine 35-Stundenwoche und noch geringere Wochenarbeitszeiten führten doch nicht zu einer glücklichen, befreiteren Arbeitnehmergesellschaft. Im Gegenteil, es entstand viel zu häufig der Eindruck, dass mit diesem Mehr an Freizeit viele nichts anfangen können. Somit wurden die Forderungen nach mehr Freizeitangeboten größer, und dies setzte eine hektische Spaßlawine in Bewegung, die nichts mit einer sinnvollen Erholungsphase zu tun hatte. Vielleicht überdenken die Altgranden der in Riten erstarrten Gewerkschaften, dass zwar der deutschen Wirtschaft, aber auch allen Arbeitnehmern ein gesellschaftliches Augenmaß an Forderungen gut täte. Die alte Faustregel der Drittelung eines Arbeitstages bezüglich Arbeit, Freizeit und Schlaf würde manches Problem aus dem Wege schaffen. Ist ein geforderter ständiger Abbau von Arbeitszeiten und somit ein Übermaß an Freizeit nicht auch bedenklich? Auch die Arbeit ist wie die Freizeit eine Form des Kulturgutes. Ein Zuwenig an Arbeit muss ebenso abgelehnt werden wie ein Zuviel an Arbeit. Zuwenig Arbeit bringt Langeweile, Erfolglosigkeit, Nichtbestätigung, fehlende Aufmerksamkeit und Anerkennung. Das daraus entstandene Zuviel an Freizeit macht deshalb nicht unbedingt glücklichere Menschen, das haben wir doch lernen können oder müssen.

- Natürlich müssen, wenn die Bildungsgrundlage wieder im Lot ist, Schüler, Eltern und gerade auch die Lehrer in die harte Pflicht genommen werden. Aber dieser zweite Schritt sollte nicht vor dem ersten, der Beseitigung des Chaos in der Bildung, erfolgen. In den Köpfen muss wieder einziehen, dass der Besuch einer Schule, dass der Erwerb von Bildung, noch dazu von kostenloser, ein hohes Privileg darstellt, ein hart erkämpftes Recht und kein notwendiges Übel ist. Und dann müssen sehr wohl Regeln aufgestellt und nachvollziehbare beziehungsweise konkret überprüfbare Durchführungsbestimmungen mit einem Toleranzbereich geschaffen werden. Diese müssten es erlauben, dass auch gegen Lehrer hart und konsequent vorgegangen werden darf. Auch ein mögliches Berufsverbot darf nicht grundsätzlich ausgeschlossen werden. Dieses könnte eventuell erst einmal auf Zeit erfolgen. Mögliche Anlässe, die solche Konsequenzen nach sich ziehen, könnten unter anderen sein:

- bei Nichteignung oder durch Unprofessionalität, egal, ob diese fachlicher, menschlicher oder pädagogischer Natur sind,

- bei einer Machtüberziehung, wenn Erziehungsmaßnahmen erfolgten, die in keinem Verhältnis zum gerügten Vorkommnis stehen,

- bei Ungerechtigkeiten, wie Mehrfachbestrafungen oder, wenn das gleiche Vorkommnis immer wieder zum Anlass genommen wird.

Eltern, die sich gar nicht um ihren Nachwuchs kümmern oder total überfordert sind, sollten über angebotene, angeordnete Hilfen bis hin zu gerichtlichen Auflagen wegen gröbster Vernachlässigung ihrer Elternpflichten zur Verantwortung gezogen werden. Schüler, die nur faul, frech, gewalttätig, ohne ein Mindestmaß an Anstand, Einsichten gegenüber Mitschülern, Lehrern, Mitmenschen auftreten, müssen über eine Vielzahl von Gesprächen aller Art überzeugt werden. Bei nachgewiesener Erfolglosigkeit sollten sie mittels gesetzlicher Möglichkeiten auf Zeit (in schweren Einzelfällen für einen längeren Zeitraum) in gut betreuten, kleinen Heimgruppen unterrichtet und erzogen werden. Nur

in ganz besonderen Ausnahmefällen, beispielsweise wenn das Leben anderer bedroht ist, sind sie in spezielle Einrichtungen einzuweisen. Der Schutz der Gesellschaft ist wichtig. Keine Gesellschaft darf durch den Einzelnen oder eine Gruppierung tyrannisiert werden, auch nicht durch Schüler.
- Schule und Elternhaus gehören zusammen, diese Forderung besteht völlig zu Recht. Das bedeutet nicht nur Vertrauen schaffen ohne Wortwaffen, sondern das ist sowohl eine individuelle als auch gesellschaftliche Stärke zum Nutzen aller. Eigentlich ist diese erwünschte Einheit eine berechtigte Forderung der Politik. Sollte das aber umgekehrt für die Politik nicht gelten? Bildung und Familie gehören in die Hand eines einzigen Bundesministeriums. Außer dem Spareffekt für die Steuerzahler kann das freigesetzte Geld den Kindern und somit der Bildung beziehungsweise der Erziehung zugute kommen. Familie und Bildung, die Artikel 6 und 7 des Grundgesetzes gehören mit zu den wichtigen Grundrechten, diese sind nicht ohne weiteres zu ändern. Aber wie bereits ausführlich begründet wurde, sollte der Artikel 7 GG so geändert werden, dass die Bildung nur noch eine Angelegenheit des Bundes ist. Die meisten Eltern der heutigen Schülerschaft sind durch die Schulformen dieser Gesellschaft gegangen. Und trotzdem (oder gerade deshalb?) gibt es viel zu viele Probleme im Verhalten und in den Leistungen der Schüler. Damit die Lehrer vor Ort an den Schulen besser, gerechter und schneller auf die Schüler oder Elternhäuser eingehen können, müssten sie da nicht informiert sein über:
  - Formen des Zusammenlebens der ihnen anvertrauten Kinder in den Elternhäusern,
  - ein mögliches soziales „Aus" der Familien,
  - bestimmte gesellschaftliche Zuwendungen oder Hilfen,
  - Schutz- und Fürsorgemaßnahmen der Gesellschaft,
  - konkrete Anhaltspunkte über Rechte und Pflichten der Familien?

Das Wissen über die Familienpolitik sollte mit dem Wissen der Bildungspolitik Hand in Hand gehen, also in einem gemeinsamen Ministerium des Bundes liegen. Was Jahrzehnte sicherlich gut war, muss doch nicht zwangsläufig für alle Ewigkeit unanfechtbar sein. Die Zukunft Deutschlands, die Waage des Fortschritts und die Einheit Europas verlangen neue Denk- und Entscheidungsmuster.

- Wird wirklich irgendwo geglaubt, dass ein verbeamteter Lehrer auch nur um ein Jota besser, mehr oder einsichtiger arbeitet? Das würde allen angestellten Lehrern Unrecht zufügen. Im Osten Deutschlands setzte völlig unnötig die Verbeamtungsflut nach der Vereinigung ein, leider auch im Bildungswesen. In Brandenburg gibt es dadurch an den Schulen ein sehr unterschiedliches Gehaltssystem. Nur, weil Lehrer ein bestimmtes Fach (Fast immer betraf es die Fremdsprachen, außer Russisch.) oder eine entsprechende Fachkombination (gekoppelt mit beispielsweise den Fächern Informatik oder Musik) unterrichteten oder in ein vorgegebenes Altersraster passten, wurde ein Teil der ehemaligen Ostlehrer Vollzeit- beziehungsweise Teilzeitbeamte. Die sinngemäße Begründung seitens der zustimmenden Gremien wie des Hauptpersonalrats für die Lehrer und der zuständigen Gewerkschaft, der GEW, beides Einrichtungen, die eigentlich Lehrervertretungen sein sollten, war unter anderem: Ansonsten kommen die Beamten aus dem Westen und nehmen den Ostlehrern die Arbeit weg. Und natürlich überfluteten die Lehrer aus dem Westen nicht den Osten. Auf der Strecke blieben alle Lehrer, die nicht in diese Auswahl passten und die jungen, gerade erst ausgebildeten Lehrer, die keine Anstellung fanden und finden. Und die Lehrer, die aussortiert wurden, von denen blieben manche mit Glück Vollzeitangestellte. Die anderen mussten, häufig gegen ihren Willen, Teilzeitangestellte mit unterschiedlichem Unterrichtsanspruch und Bezahlung werden. Es gibt keinerlei Rechtfertigung für eine derartige Auslese und es rechtfertigt niemals eine solche unterschiedliche Bezahlung. Unter den Kollegen werden Vorurteile vorprogrammiert, gegenseitige Vorhaltungen und ein sich immer mehr herausbildender Unmut ist das Ergebnis. Teilweise werden Äußerungen laut wie: „Die haben mehr Geld, also sollen ‚die' auch mehr arbeiten. Ebenso können ‚die' als Besserverdiener auch die Stundenvertretungen übernehmen. Und sie können eigentlich immer als Begleiter auf den Klassenfahrten teilnehmen und auch die Freizeitarbeit durchführen..." Diese Unmutsaussagen bewirken durch ein ungerechtes Gehaltssystem ein selbstzerstörendes Betriebsklima. Der Philosoph Karl Jaspers machte in seinem Werk „Was ist Erziehung" besonders darauf aufmerksam:

„Das Prestige der Volksschullehrer darf nicht wie im Obrigkeitsstaat hinter dem anderer Lehrer zurückstehen. Sie brauchen grundsätzlich dieselben Gehälter..." [21]

Warum müssen Lehrer in der heutigen Zeit überhaupt verbeamtet werden? Warum muss es solch einen ausufernden Beamtenapparat in Deutschland geben? Warum wurde nach der Vereinigung die Verbeamtung im Osten Deutschlands übernommen anstatt sie im Westen nicht mehr in dem Maße weiter fortzuführen? In dem erwähnten Bericht über Deutschland in „Die Zeit" betreffs der Expertenkommission der OECD wird zu dieser Problematik ausgesagt:

„Zwar gebe es in Deutschland auch ‚hoch engagierte Kollegien' in der Lehrerschaft. Aber selbst sie lähme ein ‚unflexibles System von Verwaltung und Besoldung'. In kaum einem anderen Staat sei auch der Beamtenstatus der Lehrer so ausgeprägt wie in Deutschland." [22]

Wie viele Jahre, Geld, Arbeit, gewaltige Stahltrossen, Beton waren notwendig, um den Steinkoloss, den Schiefen Turm von Pisa wieder aufzurichten? Aber ist der PISA-Bildungsturm nicht um ein Vielfaches größer und empfindlicher? Es geht hierbei um Menschen, um unsere Kinder, um die heranwachsende Generation, es geht um die zukünftige Zukunft und gerade da gestatten wir uns ein uneffektives Herumwerkeln. Nach außen wird der Eindruck vermittelt, als wenn ein Kleinhandwerker krampfhaft versuchen würde, ein empfindliches Messgerät mit ungeeignetem Werkzeug, Hammer und Meißel reparieren zu wollen. Aber Millionen Mal empfindlicher sind die uns allen anvertrauten Kinder, und nur um sie geht es und nicht um die Eitelkeiten so mancher Entscheidungsträger.

VIERTENS

Aufbruch Ost – ein Schulbeispiel

Vorspann – ein deutscher Abituraufsatz

Im Kapitel „Aufbruch Ost" soll anhand der Arbeit einer Schule in einem der neuen Bundesländer der Veränderungswille, die außergewöhnliche Einsatzbereitschaft und ein großer Hoffnungsglaube der Lehrer gezeigt werden. Es wird der Übergang von einer Polytechnischen Oberschule der ehemaligen DDR in eine Schule nach neuem Schulrecht des vereinten Deutschlands dargestellt. Nur ein Beispiel, das nicht als eine Verallgemeinerung der Entwicklung der Schulen im Osten Deutschlands betrachtet werden kann. Aber dieses eine Beispiel zeigt Möglichkeiten von Schulentwicklungen auf. Die zu vermittelnden Bildungsinhalte, beziehungsweise die Art und Weise des Wissenserwerbs der Schüler sind nicht Anliegen dieses Kapitels.

Als Einstieg ist ein kurzer Auszug aus einem Abituraufsatz gewählt, der bei der festlichen Abiturfeier 2001 vorgelesen wurde. Im Mai 2001 wurde dieser Aufsatz im Rahmen der schriftlichen Abiturprüfungen des Leistungskurses Deutsch geschrieben. Das Interessante daran ist, dass es sich bei dem Prüfling um eine polnische Schülerin handelt. Sie hatte drei Jahre lang, zusammen mit ihren deutschen Mitschülern, die hier im Weiteren geschilderte Schule besucht.

Magdalena Sandecka schreibt, was ihr das Lesen bedeutet:

„Ich fühlte mich so gut und so leicht. Ich war damals davon überzeugt, dass ich wirklich fliegen kann. Ich habe auf jeden Sonnenaufgang hoffnungsvoll gewartet. Ich war zum ersten Mal wirklich verliebt. Zum ersten Mal habe ich auch die Sonette von Shakespeare in die Hand genommen.

Sehr oft habe ich gehört, dass diese kurzen Liebesgedichte zu kompliziert für einen einfachen und darin noch nicht erfahrenen Leser sind. Ich habe aber alles verstanden. Das, was ich fühlte, hatte der Dichter selber erlebt und in Worte gewogen. Ich hatte den Eindruck, dass er mich sehr gut kennt, dass meine Seele für ihn wie ein offenes Buch ist. Ich fühlte mich wie eine ausgewählte Person, die mit den Gedichten einen Schritt in die Ewigkeit gemacht hat. So begann mein Abenteuer mit der Literatur, die für mich ein Spiegel meiner Seele, meiner Freude und Traurigkeit ist. Das, was ich schon erlebt habe, und das, was noch auf mich in der Zukunft wartet, finde ich wieder in der Literatur.

Ich erinnere mich an Worte von Günter Grass, der sehr treffend das Lesen als einen kreativen, selbstgewählten, einsamen, durch nichts ersetzbaren Prozess bezeichnet hat." [1]

Die Schülerin setzt sich dann weiter mit diesen Worten wie folgt auseinander:

„Um sich mit der Feststellung von Günter Grass auseinandersetzen zu können, muss man zuerst die Bedeutung der Adjektive erfassen, die den Prozess des Lesens beschreiben. Kreativ bezieht sich nach meiner Meinung auf die Individualität eines Menschen. Er will sich selber verwirklichen, er will selber Schöpfer sein. Die Kreativität basiert vor allem auf der Fantasie, die das Unmögliche ins Mögliche umwandelt. Ein Leser trifft normalerweise selber eine Entscheidung, was er lesen möchte und ob er wirklich ein Leser sein will, deshalb spricht Grass von einem selbstgewählten Prozess." [2]

Und weiter schreibt Magdalena an anderer Stelle:

„Das sehr populäre Fernsehen liefert uns schon fertige Bilder, billige Produkte. Man muss kein Wissenschaftler sein um festzustellen, dass bei dem Fernsehen die Leistungsfähigkeit unseres Gehirns deutlich herabgesetzt ist...

Beim Lesen muss man sich schon anstrengen, um das Ganze zu erfassen. Die Bilder entstehen im Kopf eines Lesers und benötigen einen Fantasieeinsatz." [3]

Die Schülerin kommt zu ihrer persönlichen Erkenntnis:

„Alle Fakten sprechen dafür, das Lesen ist durch nichts zu ersetzen. Ich persönlich fühle mich durch diese Fähigkeit als ein besonderer Mensch, nicht, weil ich lesen kann, sondern weil ich alles, was ich lese, auf eigene Art und Weise verstehe und in verschiedene Bilder umwandle. Das geschriebene Wort wurde von den Menschen für die Menschen geschaffen. Es ist ein Bindeglied einer großen Gemeinschaft. Das sollten wir nie vergessen."[(4)]

So wurde das Lesen, das von PISA so ausführlich untersucht wurde, aus der Sicht einer polnischen Schülerin interpretiert, die an einer deutschen Schule nicht nur das deutsche Abitur machte, sondern auch in den schriftlichen Abiturprüfungen einen deutschen Abituraufsatz schrieb.

Das Überstülpen des westdeutschen Schulwesens

Das neue Schuljahr 1989 begann mit dem 1. September und brachte bereits einige Wochen später die größte politische Umwälzung.

Zuvor hatte die DDR noch mit einem gewaltigen Pomp den IX. Pädagogischen Kongress zelebriert und einige Monate später den 40. Jahrestag gefeiert. Teilnehmer des Kongresses schwärmten in den Auftaktversammlungen der Schulen über die Begeisterung auf dem Kongress und welche bahnbrechenden Impulse vermittelt wurden. Mancher dieser handverlesenen Getreuen mutierte einige Zeit später zu einem aufrechten Demokraten. Die Teilnehmer der Festveranstaltung zum 40. Jahrestag bejubelten Honeckers Ausspruch, der allerdings vom Parteivorsitzenden der SPD August Bebel stammt, den jener an die bürgerlichen Abgeordneten des Reichstags gerichtet hatte: „Den Sozialismus in seinem Lauf halten weder Ochs noch Esel auf". Irgendwie merkten sie wohl nichts von der aufbegehrenden Stimmung im Volk, das sie vorgaben würdig zu vertreten (selbst mit Hilfe gefälschter Wahlen), aber das soll ja anderen Regierungen auch so gehen (Politiker lernen voneinander, manchmal auch international!).

„Wir sind das Volk!" „Wir sind ein Volk!" Und die Mauerspechte zerbröselten das steinerne Symbol der Ausgrenzung, der kleinlichen Einengung und der gezielten Todesschüsse – Ein Trauma zerbrach! Endlich! Freudentaumel, Riesenerwartungen (wie jene von den versprochenen blühenden Landschaften) und eine ungeheure Riesenwoge des blinden Vertrauens an die westliche Seite, an die großleuchtenden Wunderkerzen der Demokratie prägten die erste Zeit. Aufbruchstimmung, welche die meisten Menschen aus der Erstarrung, aus der Leere, aus der Stagnation, aus dem Gefühl der Unfreiheit, aus der verpuppten Ecke der Freundeskreise (Hier bin ich Mensch, hier darf ich's sein.) in das übergrelle Licht der Weltaufmerksamkeit für den Moment eines Historienblitzes riss. Nichts war mehr wie es war. Freunde(?) entpuppten sich manchmal als kleinliche Zuträger der allgewaltigen Stasi, die letztendlich an ihren eigenen mehr als sechs Millionen Dossiers jämmerlich erstickte. Für manchen brach die kleinbürgerliche, sich selbst liebende, gartenzwergenhafte Welt des Parteiapparates von Betonköpfen und der Sonderzuweisungen zusammen. Viele hatten Hoffnungen ohne zu ahnen, dass sich alles nicht erfüllen würde und auch nicht konnte. Mancher warf seine Erinnerungen, Erlebnisse, Erfahrungen und Träume in den Abfalleimer seiner Vergangenheit, manchmal bis zur Selbstverleugnung.

Ein Zustand äußerster Unsicherheit breitete sich in den Schulen aus. Was ist noch wahr und was ist noch richtig? „Die Lehrer waren ein Teil des ehemaligen Unterdrückungsapparates der DDR", hieß es unverhohlen. Solche Aussagen kamen sowohl seitens des Westens als auch von manchem der Bürgerrechtler, von denen es plötzlich so sehr viele gab. Staatsbürgerkundeunterricht und „Einführung in die sozialistische Produktion" wurden sofort liquidiert, genauso wie die organisierten gemeinsamen Gruppennachmittage der Jungen Pioniere (JP) und der Freien Deutschen Jugend (FDJ). Erwartet wurden ein anderes und umfangreicheres Fremdsprachenangebot, vor allem Englisch und das alles, ohne genügend Fachlehrer zu haben. Schule soll bilden und nicht erziehen, hießen die neuen Prämissen. Erziehung ist schließlich die Angelegenheit der Eltern und nicht des Staates. Dafür entschuldigte sich dann zehn Jahre später ein Minister, während andere Politiker ein Abendsausgehverbot für Kinder bis 14 Jahren forderten. Deshalb passten auch die bisher geltenden Kopfnoten über Mitarbeit, Fleiß, Ordnung und Disziplin nicht mehr in das neue Schulverständnis und wurden abgeschafft, ebenso wie der Unterricht am Sonnabend – darüber waren erst einmal alle froh. Und natürlich soll die Schule Spaß machen, darauf wurde Wert gelegt, genauso wie auf den bewussten, manchmal scheinbaren Elternwillen. Aber die Lehrer schafften den Spagat zwischen den zwei verschiedenen Unterrichtswelten und ebenso den Mix aus DDR- und den neuen Anforderungen. Zum letzten Mal wurden von ihnen die Abschlussprüfungen nach der zehnten Klasse abgenommen. Und ab dem Schuljahr 1991/92 ging es richtig zur Sache, da galt nur noch: Bildung ist Ländersache.

Aber irgendwie ging es weiter, irgendwie waren die ehemaligen DDR-Lehrer soviel pädagogische Profis, dass sie die neuen Anforderungen irgendwie auch meisterten. Anpassung war gefragt, aber dies war ja nun wirklich nichts, was sie nicht schon vierzig Jahre lang kannten. Die Lehrer arrangierten sich und die meisten engagierten sich noch dazu, weil sie etwas verändern wollten oder mancher meinte, dass er vielleicht auch etwas gut machen müsste. Schule nach der Wende war neu, schwer und nicht immer nachvollziehbar. Trotzdem wurde von einem Lehrer berechtigterweise erwartet, dass er sich auf neue gesellschaftliche Erfordernisse einzustellen vermöge – Punkt. Aber wie ist das nun mit den Schülern? Sie gehören zu den Schwächsten der Gesellschaft. Plötzlich mussten sie erfahren, dass alles falsch gewesen sein soll: Die ehemalige Gesellschaft, das bisherige Leben (das eigene und das der Familie), die Schule und sie mussten auch Erniedrigungen, die manche Eltern erfuhren, kennen lernen und mittragen. Die eigentlichen Verlierer wurden die Schüler, die sowohl das DDR-Bildungssystem, das Übergangs-Bildungssystem und nun das völlig umgestaltete dreigliedrige Schulsystem erfuhren. Über Jahre bewährte Klassengruppierungen wurden auseinander gerissen genau wie so manche Freundschaft unter Schülern, andere Schulen, andere Mitschüler, andere Lehrer und ein völlig neues Bildungssystem in einer anfänglichen orientierungslosen, sich erst einmal selbstsuchenden Gesellschaft überforderten die Schüler. Nur den meisten Lehrern, die eigentlich selbst Suchende waren, ist es zu verdanken, dass sie durch ihr pädagogisches Können und psychologisches Feingefühl den Schülern etwas Sicherheit in diesem nicht berechenbaren Bildungschaos zu geben vermochten. Sie erfuhren seitens des Westens eine ganz unverblümte Bildungsvereinnahmung. Auf der einen Seite (West) wuchsen die Schüler überbehütet in diesen Zeiten auf und auf der anderen Seite (Ost) wurden die jungen Kinderseelen der genannten Schülerjahrgänge unbarmherzig von den gesellschaftlichen Zuständen überfordert, innerlich hin- und hergerissen.

Aber dieser Neuanfang oder diese Zeit der Neubesinnung barg auch ungeheure Kräfte der Selbstentfaltung in sich. Plötzlich konnten verkrustete Lehr- und Lernansichten aufgebrochen werden. Wenn die Lehrer einer Schule dazu nur bereit waren, konnten sie das Neue wagen. Gemeinsam danach suchen, gemeinsam konzipieren, gemeinsam dafür arbeiten und kämpfen, gemeinsam umsetzen, gemeinsam mit Leben erfüllen und gemeinsam etwas Neues einführen, was es hier in der Schullandschaft vorher so nicht gab. Dieses Neue konnten sie zusammen mit den Schülern und Eltern gestalten. Was für ein Glück für die Schulen, könnte jeder meinen.

Und auf ein solches Schulbeispiel soll im Weiteren eingegangen werden. Alles, was bisher über die Bildung in Deutschland geschrieben wurde, behält trotzdem ohne Wenn und Aber seine

Berechtigung. Das eine hat mit dem anderen nichts zu tun, weil die Ursache für die neuen Möglichkeiten der Gestaltung von Schule in den totalen gesellschaftlichen Umwälzungen zu suchen sind. Nicht das übergestülpte, reformbedürftige westdeutsche Bildungssystem verhalf zur Umsetzung völlig neuer Ideen, sondern diese gewisse Zeit des Neuanfangs. Diese Zeiten ermöglichten schulische Veränderungen für eine bestimmte Zeit. Wer diesen Zug der Geschichte verpasste, konnte nie mehr auf ihn aufspringen. So eine wilde Zeit gibt es nur für eine kurze Zeit in einer bestimmten Zeit innerhalb der Neufindung eines Staates nach einem gesellschaftlichen Umbruch. So auch für das eine Schulbeispiel, welches hier ausführlich geschildert wird. Und sicherlich steht es auch nur stellvertretend für viele Schulschicksale. Wie dem auch sei, es handelt sich also auf den weiteren Seiten um eine von den Schulen im Osten Deutschlands, die auf den Zeitzug aufsprangen…

Schulneuanfang nach der Wende

Der Kreistag der Stadt und seine neuen, erstmals demokratisch gewählten Abgeordneten hatten viele Entscheidungen zu treffen. Zum Beispiel diskutierten sie sehr engagiert und ausführlich über die Umbenennung von Straßennamen. Ernst-Thälmann-Straße konnte nun nicht mehr bleiben, und andere Namen natürlich auch nicht. Innerhalb dieser Arbeit standen auch die Schulen zur Diskussion. Weil nun aber dieses Bundesland Brandenburg, in welchem die Schule beheimatet ist um die es hier geht, zwei Ziehväter hatte, einer war das Bundesland Nordrhein-Westfalen (NRW) und der andere das Bundesland Berlin, bekam es von dem einen nicht nur Aufbauhelfer auf Zeit mit einer Zulage geschenkt (Das will heißen, ohne bewilligte Zusatzgelder kamen in der Regel die Helfer nicht zum Aufbau eines neuen Schulsystems nach Brandenburg.), sondern obendrein auch das dreigliedrige Schulsystem dazu. Da aber dieses Bundesvaterland NRW die Gesamtschulen so liebte, war nun nur noch für die Realschulen und die Gymnasien Platz. Fortuna, hier in der Gestalt „Bildung ist Ländersache", bewirkte für dieses neue Bundesland somit eine gewisse Bildungsabhängigkeit durch die zugeteilten Partnerländer. Folgerichtig kam die Frage, ob wohl nun überhaupt noch Hauptschulen nötig wären? Bei diesem NRW-Vater war es nicht notwendig bei einem völlig anderen, wer weiß wie es geworden wäre... Wer kann sich schon seinen Vater aussuchen? Es wusste sowieso keiner im Osten, was das eigentlich für Schulen sind. Schließlich hatte es hier nur die Polytechnische Oberschule gegeben. Allerdings gab es auch noch für die Besten oder für jene, die sich verpflichteten, nach dem Abschluss des Abiturs eine militärische Laufbahn einzuschlagen, die Erweiterte Oberschule. Das andere Bundesland, Berlin, ließ sich nicht lumpen und pries neben den bereits genannten Aufbauhelfern die sechsklassige Grundschule an. Und nun hatten die Verantwortlichen des Stadtparlamentes die Qual der Wahl. Da ein Abgeordneter angeblich nur seinem Gewissen (nicht unbedingt seinem Wissen), wahrscheinlich auch noch dem Wähler verpflichtet ist, hätte es bei der Umsetzung der neuen Schulformen demokratisch zugehen müssen. Aber anstatt die Eltern, Lehrer und Schüler an den Diskussionen umfassend zu beteiligen, setzte ein wunderschöner Streit unter den Abgeordneten ein: Welche ehemalige Polytechnische Oberschule sollte künftig was für eine Schule nach dem dreigliedrigen Schulsystem sein?

Nach einigem Hin und Her wurde die hier vom Autor beschriebene Beispielschule als eine Gesamtschule ausgewiesen. Also begann diese Schule das neue Schuljahr 1991/92 zum ersten Mal mit der neuen Schulformbezeichnung Gesamtschule. Ausgezeichnet, nur keiner konnte erklären, was das eigentlich nun ganz konkret sei. Was wird in so einer Schule eigentlich anders gemacht oder auch nicht? Dafür redeten ganz viele von außen unwissend schlau mit. Die anderen zwei Schulformen waren da besser dran. Ganz schnell hatten sie erfasst, dass das Gymnasium eigentlich die Erweiterte Oberschule ist, also da kann das Abitur abgelegt werden und die Realschule ist sowieso auch etwas Besseres, das wisse man von den westdeutschen Handwerkern. Es darf bezweifelt werden, dass alle, die davon auf einmal so überzeugt waren, auch wussten, dass schon Rainer Maria Rilke an einer Realschule gelernt hat. Allerdings an einer militärischen Realschule, dafür aber bereits schon 1886, damit ein jeder sehen kann, wie so erfrischend jung dieser Schultypus doch eigentlich ist. Und damit dürfte jeder Ansatz einer Reform, konkret, der Abschaffung des dreigliedrigen Schulsystems doch gleich der Wind aus den Segeln genommen werden. Eines hatten alle ganz schnell erfasst, dieses sickerte aus dem Westen als erstes durch, die Gesamtschulen sind die miesesten Schulen. Was macht nun eine Schule mit so einem übergestülpten Erbe und einem von vornherein nicht vorurteilsfreien Ruf? Sie könnten sich schmollend in die Ecke setzen! Mit Gleichgültigkeit irgendwie über die Runden kommen, ist doch sowieso alles egal! Oder?

Zuerst einmal arbeiteten die Schulleitung, die Lehrer, die Eltern und die Schüler, jeder unterschiedlich motiviert und engagiert, nicht gegen diese Gesamtschule, sondern suchten gemeinsam Wege zur Umsetzung und Attraktivität der Bildungsanstalt. Diese breite Front der gelebten Gemeinsamkeiten wurde auch in der Folgezeit das Besondere und die Stärke gerade dieser Schule. Vielfache Besuche, Hospitationen, Gespräche, einholende Nachhilfen im Westen Deutschlands folgten. Dort wurde bei allen Besuchen und Anfragen bereitwillig weitergeholfen. Gerade vor Ort, an den Schulen, in den Bezirksregierungen, in den Ministerien, an den Universitäten, in Foren, in und bei Weiterbildungsveranstaltungen, in den Privatkontakten mit Lehrern, Eltern, Schülern wurde das nötige Wissen vermittelt. In diesen Gesprächen ergaben sich Einsichten, Erkenntnisse über Erneuerungen, über Umsetzungen der eigenen Visionen beziehungsweise der eigenen Ideen, für Konzepte, Partnerhilfen und vieles mehr. Und auf einmal waren alle mittendrin in der schulischen Arbeit. Eins war schnell klar geworden, eine Gesamtschule ohne ein eigenes, unverwechselbares Profil hat langfristig gesehen keine Chance zum Überleben. Wer damals schon die alarmierenden Schülerentwicklungszahlen in der Stadt wirklich ernst nahm, konnte das erst viele Jahre später einsetzende Schulsterben ohne Schwierigkeiten selbst vorausahnen, dafür brauchte es keinerlei Prognosen von Oben. So wurde an dieser Schule ständig diese Entwicklung und ebenso die Abwanderungen in die alten Bundesländer in einer ureigenen Schulplanung berücksichtigt. Die gemeinsame Lösung folgender Frage war wichtig: Wie soll die eigene Schule neben einer guten Unterrichtsarbeit bezüglich ihres Profils und der Attraktivität in den nächsten zwei, drei Jahren gestaltet werden? Neben dieser Kurzplanung galt es, die weitere Profilgebung für einen Vorauszeitraum von etwa zehn Jahren zu entwickeln: Wie könnte die Schule nach den gesellschaftlichen Gegebenheiten dann aussehen? Alles Genannte setzte eine generelle Öffnung der Schule nach außen, aufbauend auf eine innere Öffnung voraus. Unklug wäre es gewesen, wenn die Schule einfach abgewartet hätte, was die Zeit so bringen würde. Von allein ergab sich in der Regel nichts, wenn von vereinzelten Begünstigungen einzelner Schulen seitens des einen oder anderen Vertreters aus dem Landratsamt, Schulverwaltungsamt, Schulamt einmal abgesehen wird. Das konnten sein: die Einführung von Leistungsprofilklassen, die Umsetzung der Bilingualität, Schulen mit europäischen Zielen, die Zuweisung von geeigneten Lehrern, die Anzahl der aufzunehmenden Klassen... Wenn Schulen meinten, dass allein das Schild „Gymnasium" für immer den Schülerzulauf sichere, dann irrten sie. Auch Aussagen von Schulen: „Wir fördern nicht, wir fordern!" reichen so nicht aus. Sowohl das eine als auch das andere hat sich ja gerade durch PISA als unzureichend erwiesen. Davon auszugehen, dass nur die Leistungsstärksten gefordert werden müssten und dass Förderung immer nur etwas mit einer Schwäche zu tun hätte, ist schon eine gewaltige Fehleinschätzung. Nichts, auch Schulen nicht, haben für ewig Bestand. Der feine Staub der Geschichte bedeckt schneller als manches Machtzentrum es je vermutet, Regierungen, Staaten, Ideologien, Systeme und auch Schulen für immer.

Bei der Suche nach den Antworten auf die vielen Fragen musste diese Schule erkennen, dass ein guter Ruf einer Gesamtschule eigentlich nur dann möglich ist, wenn sie auch über eine gymnasiale Oberstufe (Abiturvergabe) verfügen würde.

„Wer zu spät kommt, den bestraft das Leben" – Ein deutsch-polnisches Schulprojekt

Die Umsetzung dieser Erkenntnis, über eine gymnasiale Oberstufe zu verfügen, bedurfte an der eigenen Einrichtung einer entsprechenden Überzeugungsarbeit. „Erst müsse doch einmal für mindestens zwei bis drei Jahre die ‚normale' Schularbeit an einer Gesamtschule absolviert werden. Und dann kann man den nächsten Schritt in Ruhe angehen, wenn alles nicht mehr so unbekannt ist. Aber es muss auf einen gesicherten Schulablauf aufgebaut werden...", so einige Kritiker der Schule. Berechtigte Sorgen, begründete Ängste (und eigentlich doch auch völlig richtige Auffassungen etwas in Ruhe angehen zu wollen), so stellte sich die Frage. Das Ergebnis waren noch mehr Gespräche, noch mehr Überzeugungsarbeit musste geleistet werden. Es drängte einfach die Zeit für mögliche Umsetzungen.

Irgendwann war dieser Überzeugungsschritt abgeschlossen. Es war der Wichtigste, weil die Leitung, die Lehrer, Eltern und Schüler der Schule überzeugt mitziehen mussten, es ging nichts ohne oder gegen sie. Nur die Schule als ein Ganzes hatte überhaupt eine Chance. (Das erinnert nun schon wieder an Friedrich Schiller.) Die notwendigen Konzepte konnten nach den Beschlussfassungen, durch die einzelnen Schulgremien eingereicht werden. Zunächst einmal brandete im Stadtparlament eine Ablehnungswelle auf: „Ein fünfzügiges Gymnasium ist völlig ausreichend und deshalb wird keine gymnasiale Oberstufe an der Gesamtschule benötigt." Nur viele Gespräche mit den Entscheidungsträgern und den Abgeordneten bewirkten ein Aufbrechen der Ablehnungsfront, aber noch keinen Durchbruch. „Wir könnten uns vorstellen zuzustimmen und den Antrag zu unterstützen, wenn, ja wenn die Schülerzahlen dafür da wären", so die erkämpfte Mehrheitsmeinung. „Lohnt es sich wirklich nun noch weiter zu kämpfen, es ist doch schließlich alles versucht worden?", so der vielstimmige Zweifel. Und die Vertröstungen von Abgeordneten: „Versucht es doch in einigen Jahren noch einmal, dann sind die Chancen dafür bestimmt viel besser." Grund dieser Schülermisere war einzig und allein, dass zum Beginn des ersten neuen Schuljahres nach neuem Schulrecht, jede Schule eine bestimmte Anzahl von Klassen und Schülern zugewiesen bekam. Das Schulamt legte in Absprache mit dem Schulverwaltungsamt fest: „Das Gymnasium und die Realschule erhalten jeweils fünf zehnte Klassen und diese Gesamtschule zwei." Wieder folgten Gespräche unter anderem im Bildungsausschuss der Stadt mit den Vertretern des Gymnasiums. Es wäre theoretisch möglich gewesen, dass einige von deren Schülern nach der zehnten Klasse in die elfte Klasse der Gesamtschule gewechselt hätten. Nur dieses eine Mal fehlten die Schüler. Die Anzahl der nachfolgenden Neuntklässler aus den fünf vorhandenen Klassen der Gesamtschule würden dann allemal die notwendige Schülerzahl für die elften Klassen erbringen. Heftige Diskussionen mit Verbalattacken: „Glaubt die Gesamtschule wirklich, dass auch nur ein Schüler vom Gymnasium an eine Gesamtschule wechseln würde? Zumal doch das Abitur an einer Gesamtschule absolut nichts wert sei...", waren die einzigen, dafür sehr verletzenden Antworten.

Es war erstaunlich, dass nach nur ein paar Wochen nach neuem Schulrecht solch eine Arroganz auftreten konnte. Ob Schulleitung, Lehrer, Eltern, Schüler des Gymnasiums, sie alle hatten doch gemeinsam bis hierher nur die DDR-Schule und ihren Übergang erlebt. Sie waren wie alle Lehrer ehemalige DDR-Angehörige mit keiner besseren oder anderen Ausbildung. Menschen sind erstaunlich anpassungsfähig.

An dieser Stelle hätte nun eigentlich das Aus für das Erreichen der gymnasialen Oberstufe unwiderruflich folgen müssen. Wer die Umwelt wissend aufnahm, konnte beobachten, wie sich in der kleinen, durch den Krieg geteilten Grenzstadt, in der diese Schulen angesiedelt sind, die von einer lauten Minderheit auf beiden Seiten des Grenzflusses geschürten Vorurteile bildeten. Auf deutscher Seite, in Guben, kamen diskriminierende Aussagen genauso auf, wie jenseits des Flusses auf der polnischen Seite, in Gubin. Eine eventuelle Möglichkeit zumindest etwas zu tun, um diese beiderseitigen Vorurteile abzubauen, bestand in einer gegenseitigen Annäherung.

Die gemeinsame Idee von Deutschen und Polen war, dass auf freiwilliger Basis polnische Schüler nach der zehnten Klasse an die Gesamtschule nach Deutschland wechseln. Wichtige Verantwortliche für die Bildung auf allen Ebenen und die der Parlamente auf deutscher und polnischer Seite konnten dafür interessiert werden. Über Ländergrenzen hinweg wurde intensiv beraten, diskutiert, nach gemeinsamen Lösungen gesucht. Nach einer der vielen Debattierrunden auf der polnischen Seite waren die Deutschen davon überzeugt: „Das war's, hier besteht kein gemeinsamer Wille für die vorgeschlagene Form einer Gemeinsamkeit." Aber am nächsten Tag kam aus Polen der erlösende Anruf: „Wir machen mit!" Sowohl der polnische Bürgermeister, der Vorsitzende des Stadtparlamentes und der Direktor des polnischen Lyzeums hatten zusammen mit Elternvertretern den Durchbruch erzielt. Eine entsprechende Willenserklärung, die notwendigen Konzepte, die Abgleichungen zwischen den deutschen und polnischen Anforderungen, die Finanzierbarkeit, der Transfer, die Unterbringungen und vieles mehr musste gemeinsam erarbeitet, abgestimmt und den Gremien zur Beschlussfassung vorgelegt werden. Das alles in einem Staat durch- und umzusetzen, verlangte allein schon ein hohes Maß an Kompetenz, Gesprächs-, Kompromiss- und Durchsetzungsbereitschaft. Hier waren aber zwei gleichberechtigte Partner zweier Staaten vertreten, und dadurch wurde diese Arbeit noch viel umfangreicher. Aber auf beiden Seiten zogen Mitstreiter jeder Verantwortungsebene an einem Strang. Auf deutscher Seite waren es Vertreter der Stadt, des Kreises, des Landes, des Ministeriums, der Regierung, wichtiger Institutionen wie beispielsweise „pro Brandenburg e.V." mit dem Vorsitzenden Prof. Dr. Jürgen Gramke aus NRW oder der Euroregion „Spree-Neiße-Bober" und von Einzelpersonen. Für die polnische Seite gilt das ebenfalls für alle Entscheidungsebenen. Besonders wichtig waren die kompetente und vertrauensvolle Zusammenarbeit mit dem Direktor der polnischen Partnerschule in Gubin Herrn Kazimierz Kobus, den polnischen Dolmetschern Herrn Krzysztof Gawronski und besonders in den Folgejahren mit Frau Krystyna Kaczmarek-Skora, die besonders engagiert für das Zusammenwachsen von Deutschen und Polen wirkte. Letzten Endes erteilte nach dieser Mammutarbeit das Bildungsministerium, welches die gesamte Vorbereitung mitgetragen und begleitet hatte, die notwendige Erlaubnis und zwar einen Tag vor dem Beginn des neuen Schuljahres 1992/93. Also bereits ein Jahr nach der Ernennung zur Gesamtschule nannte sich diese Einrichtung künftig „Gesamtschule mit gymnasialer Oberstufe". Das länderübergreifende, deutsch-polnische Schulprojekt der Gemeinsamkeit konnte seine Arbeit sowohl an dieser Gesamtschule und auch an anderen Schulen aufnehmen oder fortführen. Eigentlich war das Geschilderte nicht nur möglich, weil so viele dazu bereit waren, sondern weil auch eine ausgesprochene „Bildungs-Goldgräberstimmung" herrschte. Risikobereitschaft, die große Lust etwas Neues auszuprobieren, die Gunst der Zeitgeschichte, die hohe Bereitschaft für eine partnerschaftliche Zusammenarbeit seitens der Polen, das alles verhalf der Umsetzung eines Willens und eines Traumes in der Zeit von nur einem Jahr. Nicht auszudenken ist, wenn das auch die große Politik begriffen hätte und sofort nach der Vereinigung an die Ausarbeitung und Umsetzung von Bildungsreformen gegangen wäre. Einige Monate später wurde eine inoffizielle Aussage seitens eines Vertreters des Bildungsministeriums bekannt, die in etwa lautete: Die Schule hatte Glück, dass sie sofort um die Anerkennung gekämpft hatte, denn jetzt würde der Antrag nicht mehr bestätigt werden dürfen. Die langfristig zu erwartenden dramatisch sinkenden Schülerzahlen in dieser Stadt wären der Grund dafür.

„Du hast das Recht, grenzenlos zu denken"

Parallel zu den vielen erwähnten Verhandlungen zur Einführung des deutsch-polnischen Projekts wurden weitere wichtige Maßnahmen vorbereitend getroffen:

- Aus- und Weiterbildung der Fachlehrer durch ein mehrjähriges Ergänzungsstudium an der Universität zur Erlangung der Lehrbefähigung für die gymnasiale Oberstufe nach westdeutschem Schulrecht. Die DDR-Abschlüsse reichten dafür so wie gewohnt nicht mehr aus – warum eigentlich nicht?

- Die mögliche Ausrichtung (Profilgebung) der Schule, wenn sie die Bestätigung für die gymnasiale Oberstufe erhalten sollte, wurde diskutiert, geplant und umgesetzt. Unter anderem wurde die Einführung des Abiturprüfungsfaches „Recht" beschlossen. Für diese Umsetzung wurden mehrere Lehrer zu einem mehrjährigen Erweiterungsstudium an eine Universität delegiert. Die Festlegung der Fremdsprachenfolgen und die Gewichtung der Naturwissenschaften wurden beraten, entschieden und anderes mehr.

- Im Vorfeld setzte ein Prozess ein, der die deutschen Schüler auf die zu erwartenden polnischen Schüler als ihre Mitschüler vorbereiten sollte.

- Am polnischen Partnerlyzeum, vor der polnischen Eltern-, Lehrer- und Schülerschaft der polnischen Nachbarstadt wurde für das gemeinsame Schulprojekt geworben. Bei dieser Überzeugungsarbeit mussten auftretende Ängste, zum Beispiel keine Germanisierung der polnischen Schüler, genommen werden.

- Überlegungen wurden angestellt, wie an der Schule die Jugendlichen der beiden Länder trotz der verschiedenen Kulturen, Ansichten, Befindlichkeiten, Auffassungen, Sprachen, Denkweisen im Unterricht und in der Freizeit zusammengeführt werden könnten. Wichtig war, dass die Deutschen und die Polen gleichberechtigte Partner bei diesem gemeinsamen Schulprojekt an der deutschen Schule sind.

- Über das gemeinsame Schulprojekt sollten langfristig erreicht werden:

  1. Die Entwicklung der Toleranz (Toleranz erleben – tolerant leben).

  2. Der gegenseitige Abbau von Vorurteilen.

  3. Die Entwicklung des Verständnisses für den Anderen und somit für seine Kultur, Denkweisen, Sprache.

  4. Die Entwicklung der Bereitschaft für ein Leben in Europa und gleichzeitig die Vorbereitung auf das Leben in einem geeinten Europa.

- Die jungen Polen werden zusammen mit ihren deutschen Mitschülern in der Unterrichtssprache Deutsch unterrichtet, um das deutsche Abitur nach deutschem Recht an der deutschen Schule ablegen zu können. Um auch das polnische Abitur zu erhalten, müssen sie zusätzlich die Fächer „Polnische Sprache und Literatur" und „Polnische Geschichte" belegen. Erteilt und geprüft werden diese Fächer durch polnische Fachlehrer nach polnischem Bildungsrecht, nach polnischen Lehrplänen und polnischen Büchern an der deutschen Schule (deutscher Prüfungsvorsitz). Das polnische Kuratorium überprüft dann auf Antrag die Erteilung des gewünschten polnischen Abschlusses.

Damit der Prozess der Integration keine Einbahnstraße ist, wurde den deutschen Siebentklässlern drei Jahre später auch Polnisch als mögliche zweite Fremdsprache angeboten. Übrigens war das auch eine konsequente Antwort darauf, dass sich die Schüler zu wenig angenähert hatten. Nach einiger Zeit machten etwa ein Drittel der deutschen Schüler davon Gebrauch, die Sprache des Nachbarn, Polnisch, zu lernen. Weitere Fremdsprachen waren Englisch (als erste), Französisch, Russisch und ab der 9. Klasse war Latein möglich.

Nach drei Jahren legten die deutschen und die polnischen Schüler das erste Mal das Abitur ab. Zwar war damit ein Ziel erreicht, aber der Annäherungsprozess ließ immer noch auf sich warten, der kam erst in den weiteren Jahren. Es war in den drei Jahren einfach nicht gelungen, die Jugendlichen der beiden Länder näher zu bringen. Die Ursachen waren auf beiden Seiten zu suchen und betrafen sowohl die Schule als die Gesellschaft, wie unter anderem:

- Nach einem Jahr kamen vereinzelte Ansichten auf: „Jetzt hat die Schule genügend eigene Schüler für die gymnasiale Oberstufe und braucht keine Polen mehr aufzunehmen."
- Aussagen von Bürgern: „Ihr mit euren Polacken!"
- Mancher polnische Schüler wurde im Bus oder auf dem Weg zur Schule von Deutschen beschimpft.
- Vereinzelt kränkten deutsche Schüler die polnischen.
- Zum Beginn des Schulprojekts verlangten die polnischen Eltern eine reine Polenklasse.
- Deutsche und polnische Schüler gingen kaum aufeinander zu. In den Pausen bildeten sich keine Mischgruppen. Polnische Schüler sprachen in ihrer Muttersprache weiter, obwohl deutsche sich zu ihnen dazugesellten.
- Weitere Gründe waren:
  Zum Beispiel eine allgemeine wirtschaftliche Unsicherheit in der

Gesellschaft (Etwa fünfundzwanzig Prozent Arbeitslosigkeit in der Stadt). Mancher Bürger suchte einen Sündenbock für seine eigenen oder auch gesellschaftlichen Schwächen – es war eine gewisse „Grenzphilosophie des Bauches" – anzutreffen. Diese Haltung reflektierte auch auf das Schulprojekt und erschwerte zusätzlich dessen Umsetzung.

Die Vorbereitung auf die Integration der polnischen Schüler war trotz aller Anstrengungen nicht ausreichend. Es war falsch zu glauben, dass es genüge, nur die Jugendlichen beider Länder zusammenzubringen, bringe auch eine Annäherung.

Überhaupt war der Faktor Zeit – solche gemeinsame Annäherung braucht einfach viel, viel Zeit – nicht genügend beachtet worden.

Die ersten polnischen Schüler waren zu wenig der deutschen Sprache mächtig. Sie waren nicht auf ein Leben und Lernen in einem anderen Land vorbereitet worden und waren zum ersten Mal von zu Hause weg (und dann gleich in einem anderen Land). Die deutschen Schüler waren der Sprache des polnischen Mitschülers nicht mächtig.

Es war falsch, die Schule einfach zu beginnen, die deutschen und polnischen Schüler waren sich zu fremd. Und es fehlte ihnen die Zeit, sich völlig zwanglos einander zu begegnen und sich miteinander zu behaupten. Solche Räume gibt es nur außerhalb der Schule in einer gemeinsam erlebten und gelebten Freizeit. Ab dem Schuljahr 1995/96 führte die Schule als eine Antwort auf die kritische Aussage von polnischen Schülern ein Sprachlager mit allen Schülern der neuen 11. Klassen durch. Es wurde eine feste Tradition, dass Deutsche wie Polen sich immer für etwa fünf Tage zum Schuljahresauftakt in einem Lager in Polen zusammenfanden. Schulische Angelegenheiten, aber besonders der gemeinsam gestaltete Freizeitbereich und die gemischten Übernachtungen standen am Beginn des allgemeinen

Durchbruchs zum besseren Verständnis von deutschen und polnischen Schülern.

Die Schule erkannte, dass nur durch eine langfristige, geduldige, kontinuierliche und gleichzeitig flexible, sich nach außen öffnende Projektarbeit sowohl eine bessere Annäherung, mehr Akzeptanz in der Öffentlichkeit und insgesamt ein Abbau von Vorurteilen erreicht werden kann. Bei diesem Vorgehen sollten alle das Verbindende im Unterschiedlichen erfahren. Erreicht werden konnte das nur durch eine gewisse Vorbildwirkung, viele Gespräche, großes Fingerspitzengefühl, Sensibilisierung der Öffentlichkeit und vor allem durch die partnerschaftliche Zusammenarbeit der beiden gleichwertigen Projektbeteiligten, den Deutschen und den Polen. Auftretende persönliche Empfindlichkeiten mussten zurückgestellt und Entscheidungen auf der Leitungsebene beider Seiten beraten, geprüft, korrigiert, aufgehoben, bestätigt werden. Es wurde kameradschaftlich diskutiert über die Festlegung von Grundlagen bezüglich der Lehrinhalte und deren Vorbereitung, Einführung, Durchführung, Organisation und Kontrolle. Weiterhin fand in den Fachkonferenzen der fachliche, didaktische, methodische und persönliche Erfahrungsaustausch der verschiedenen deutschen und polnischen Fachlehrer statt. Außerdem wurde in den einzelnen Konferenzen auch über die Annäherung der Schüler im Unterricht, in der Freizeit und ihre unbedingte Gleichbehandlung diskutiert oder darum gestritten. Das ganze Vorgehen war eine ständige Bestimmung des Standortes, also ein fließender Vorgang. Gerade der Prozess des Suchens und Findens nach Übereinstimmungen war schwierig und wurde nicht in jedem Fall erreicht. Bei Einigkeit wurden Anregungen, Hinweise, einzelne Bitten oder Forderungen der Lehrer-, Eltern- und Schülerschaft der Schulaufsicht oder dem Schulträger vorgestellt.

Seit dem Schuljahr 1992/93 werden polnische Schüler aus ganz Polen in die 11. Klassen dieser Schule aufgenommen. Breitgefächerte Informationsverfahren stimmen die Neubewerber schon lange vorher auf eine Bewerbung ein. Sowohl in Polen als in Deutschland finden ausführliche Vorstellungen der Schule statt, immer unter Teilnahme der polnischen Schüler der deutschen Schule. Diese sind die besten Werbeträger. Das eigentliche Bewerbungsverfahren sieht so aus, dass für die vorgesehenen Plätze bis einhundert Bewerber erscheinen. Nach der Beantwortung aller anfallender Fragen absolvieren die Interessierten einen schriftlichen Aufnahmetest bezüglich ihrer deutschen Sprachkompetenz. Dieser wurde durch eine Gruppe deutscher und polnischer Kollegen erstellt. Gemeinsam mit polnischen Schülern dieser Schule als Berater kleiner Gruppen hospitieren sie in mehreren ausgewählten Leistungskursfächern. Anschließend stellt sich jeder Bewerber einem mündlichen Einzeltest in deutscher Sprache, der von je einem deutschen und einem polnischen Deutsch-Fachlehrer abgenommen wird. Sowohl die Gruppen der Prüfer (Deutsche und Polen) als die schulischen Entscheidungsträger befinden dann anhand der erbrachten Leistungen über die aufzunehmenden polnischen Schüler.

Wie bereits erwähnt, darf das Projekt keine Einbahnbahnstraße sein. Außer den geschilderten Maßnahmen leistete die deutsche Seite dadurch Hilfen, dass Fachlehrer dieser Schule und später auch anderer Schulen der Stadt in polnischen Schulen Deutschunterricht erteilten. Sie haben somit Unterricht an einem anderen Ort, da sie jeden Tag über die deutsch-polnische Grenze fahren. Dadurch, dass deutsche Lehrer den polnischen Schülern die deutsche Sprache im Unterricht nahe bringen, wie auch umgekehrt polnische Lehrer an dieser deutschen Schule Polnisch lehren, wird ein wichtiger, aktiver Beitrag der Annäherungen, der Normalität trotz aller Anfeindungen, Befindlichkeiten, unangenehmer Ereignisse und Rückschläge, die es sehr wohl gibt, geleistet. Als ein Teil der Gesellschaft lebt diese Schule inmitten der Gesellschaft. Unangenehmes, das in der Gesellschaft auftritt, reflektiert in die Schule hinein, da sie sich nicht unter einer schützenden Glasglocke befindet. Andere unangenehme Probleme wie Gewalt, Formen von Rechtsorientierung oder Rechtsextremismus, Mobbing, tiefste Erniedrigungen, Drogen, das Ellbogendenken machen vor keiner Schule halt. Dies zeigt sich an allen Schulformen sowohl im Osten als im Westen Deutschlands. Schule kann dem nur mit ihren wenigen Mitteln begegnen und helfen Spannungen abzubauen. Fehler, Schwächen und Unangenehmes durch eine verfehlte Bildungspolitik und in der gesamten Gesellschaft können Schulen nur mindern, aber niemals verhindern.

Die Umsetzung des deutsch-polnischen Schulprojekts zeigte, dass das Motto der Schule frei nach Ulrich Schaffer (Pfarrer und Dichter, der in Kanada lebt):

„Du hast das Recht, grenzenlos zu denken!"

sich im Laufe der Jahre durch die deutschen und polnischen Schüler, Lehrer und Eltern sehr wohl mit Leben erfüllen lässt. Genauso denkbar ist es, dass in einigen Jahren nach dem nun erfolgten Beitritt Polens in die Europäische Gemeinschaft im Mai 2004, auch deutsche Schüler jeden Tag den Weg über die Grenze gehen. Für sie könnte es dann eine Normalität werden, dass sie das Abitur in Polen ablegen. Vielleicht auch deshalb, weil nur dort ein bestimmtes Fach oder Fächerkanon angeboten wird. Nein, das muss keine Zukunftsmusik sein, sondern das kann eine selbstverständliche, realistische Wirklichkeit werden, wenn die Verantwortlichen es nur wollen und entsprechende Überzeugungen geweckt werden.

Erste Europaschule des Bundeslandes Brandenburg

Als erster Einrichtung des Bundeslandes Brandenburg wurde dieser Gesamtschule mit gymnasialer Oberstufe im Januar 1997 das Recht zuerkannt, sich künftig „Europaschule" zu nennen. Die Schule beantragte aus zwei Gründen den ehrenden Doppelnamen:

„Marie & Pierre Curie".

- Die ersten ausländischen Partner waren Schulen aus den Ländern Polen und Frankreich. Gerade diese sehr lebendigen Partnerschaften über viele Jahre hinweg sollten durch diesen Namen gewürdigt werden. Weiterhin sollte damit unterstrichen werden, dass die deutsche Schule ohne diese langjährigen Wegbegleiter keine Europaschule geworden wäre.
- Die zwei Menschen, die hinter dem Doppelnamen stehen, sind gerade für Europaschüler große Vorbilder:

    Sie stehen für eine länderübergreifende Zusammenarbeit und für ein gemeinsames Europa. Sie verbanden anwendungsbereites Wissen mit einem unbändigen Forscherdrang. Bescheidenheit und Menschlichkeit zeichnete beide aus.

Bis zu dieser Namensgebung war es ein steiniger Weg, der im Weiteren beschrieben werden soll.

Bei einer Weiterbildung im Schuljahr 1994/95 in den Altbundesländern hörten Vertreter der Schule zum ersten Mal etwas von einer Europaschule. Leider bekamen sie kein Material und keine konkreten Hinweise. „Was die im Westen können, das können wir im Osten doch auch!", wurde zur vorherrschenden Meinung an dieser Schule. Eine Gruppe aus Lehrern, Eltern und Schülern unter der Führung der Schulleitung erarbeitete Grundlagen. Nach vielen Diskussionen wurde ein Konzept entworfen, welches immer wieder diskutiert und verändert wurde. Ein etwas später eingearbeiteter Punkt war, dass diese Gesamtschule einen Verbund mit einer auf dem Schulgrundstück angesiedelten Grundschule eingehen solle. Mit dieser gut geleiteten und arbeitenden Grundschule bestand bereits eine sehr enge Zusammenarbeit auf Leitungs-, Lehrer- und Schülerebene. Ein angedachtes Ziel war, dass beide Schulen zusammen die Europaschule bilden, quasi von der ersten Klasse bis zum Abitur. Schrittweise sollten immer jüngere polnische Schüler in dieses Gesamtgebilde aufgenommen und langfristig deutsche Schüler auf einen Schulbesuch in Polen vorbereitet werden. Um den gesamten erzieherischen Prozess zu erleichtern, bestand der Vorschlag, dass ein gemeinsamer deutsch-polnischer Kindergarten mit angesiedelt werden sollte. Leider konnten oder wollten die entsprechenden Entscheidungsträger die Idee einer frühzeitigen Integration nicht einmal mit den zwei Schulen diskutieren. Das bereits erwähnte Motto der Schule: „Du hast das Recht, grenzenlos zu denken!", wies indirekt schon auf die Internationalität hin. Im Folgenden wurde deshalb immer von den zwei die Europaschule tragenden Säulen ausgegangen: Integration und Internationalität.

Integration

Zur Integration wurde hier bereits viel geschrieben. Die geschilderte Arbeit bezüglich der Realisierung des deutsch-polnischen Schulprojekts ist eine der wichtigsten Stützen. Und indem für deutsche Schüler die Möglichkeit geschaffen wurde, dass sie ab dem Schuljahr 1995/96 die Sprache des Nachbarn, die auch gleichzeitig die der Mitschüler ist, Polnisch, erlernen zu können, entstand ein weiterer wichtiger Stützpfeiler. Genauso, wie auch der bereits genannte Gastlehreraustausch einen wichtigen Pfeiler darstellt. Es entsprach dem anfänglichen polnischen Elternwillen, dass ihre Kinder tägliche Grenzgänger wurden. Sie wohnten im preiswerteren polnischen Internat der Berufsschule und der Landwirtschaftsschule. Diese polnischen Einrichtungen wurden somit auch Partner der deutschen Schule, die umgekehrt mit den bereits erwähnten deutschen Lehrern in Polen auch ihnen half. Es wurde in der Folgezeit in einigen wenigen Fällen erreicht, dass deutsche Gastfamilien polnische Schüler auf Probe aufnahmen. Allerdings machen die deutschen Vorschriften, unter anderem hinsichtlich der Frage nach der Kostenübernahme einer Haftpflichtversicherung, das für die Familien sehr schwer. Über internationale Austauschprogramme wurden Schüler aus Neuseeland und Thailand für ein halbes Jahr an der deutschen Schule unterrichtet. Auch diese Schüler wurden nur in deutschen Gastfamilien untergebracht.

Zielstellung besonders dieser Form der Integration sind: kennen lernen von „Land und Leuten", das Erlernen der Gastgebersprache, die Unterrichtsteilnahme, der Ausbau sozialer Kontakte, der gegenseitige Abbau von Vorurteilen. Umgekehrt waren nahezu jedes Jahr Schüler der Schule für ein Jahr Austauschschüler beispielsweise in den Vereinigten Staaten Nordamerikas. Von dort kam wiederum durch verschiedene Austauschprogramme eine äußerst engagierte Fremdsprachenassistentin, die an der Schule Englisch unterrichtete. Relativ spät konnte die Bilingualität umgesetzt werden. Für die Schüler ist die Anwendung der Sprachen sehr wichtig. Dazu dienten an dieser Schule: die bereits angeführten jährlichen Sprachlager der Elftklässler in Polen zum Auftakt des Schuljahres, die wechselseitigen Austauschprogramme der Schüler mit den Partnerländern der Schule, der Aufenthalt einzelner Schüler für ein Jahr im Ausland, die jährliche Englandfahrt der Siebentklässler mit der Unterbringung in Gastfamilien (als Motivation für das Erlernen der Sprache der Gastgeber durch das direkte Erleben dieser Sprache) und die Vorbereitung, Ein- und Durchführung der Bilingualität.

Im Vorfeld für die Bilingualität probten die Schüler über einen gewissen Zeitraum bestimmte Unterrichtssequenzen ausgewählter Fächer in einer Fremdsprache. Zum Beispiel wurde in einer deutsch-polnischen elften Klasse in Musik „Chopin" in folgender Weise gelehrt: Der polnische Musiklehrer des Partnerlyzeums hielt in Gegenwart der deutschen Musiklehrerin Teile der Unterrichtsstunden nur auf Polnisch. In Vorbereitung hatte es ausführliche Absprachen zwischen beiden Fachlehrern gegeben, denn es durften keinerlei Benachteiligungen auftreten. Zumal berücksichtigt werden musste, dass es im deutschen Bildungssystem eine Unsitte ist, dass die Eltern wegen angeblicher Benachteiligung ihres Kindes klagen dürfen. Nicht mehr das klärende Gespräch und somit eine gewisse Gemeinsamkeit einer vertrauensvollen Zusammenarbeit zwischen Elternhaus und Schule in der Erziehung des Kindes stehen dann im Mittelpunkt, sondern häufig nur das gewaltsame

Recht haben, koste es, was es wolle. Aus einer falsch verstandenen Stärkung des Elternrechts, kann unter Umständen ein Bildungshemmnis werden. Die Erfahrung der deutschen Schüler, dass sie ohne die Mithilfen der polnischen Mitschüler dem Unterricht nicht folgen können, war sehr wertvoll. Umgekehrt war es für die polnischen Mitschüler gut zu erleben, dass der Deutsche ihre Hilfe benötigte. Die gemachten Erfahrungen gingen in ein entsprechendes Konzept ein und wurden zusammen mit dem Antrag auf abweichende Organisationsform zur Durchführung bilingualen Unterrichts über die entsprechende Verwaltungsschiene an das Bildungsministerium weitergeleitet und dort bewilligt. Eltern, deren Kinder bilingual unterrichtet werden sollen, entscheiden das auf freiwilliger Basis. Ab der 7. Klasse erhalten diese Schüler statt vier dann sechs Wochenstunden Englisch. In der 8. Klasse noch fünf und ab dem 9. Schuljahr das Sachfach Erdkunde nur noch in Englisch. So hatte die Schule für sich die Bilingualität in dieser Form entschieden. Die mögliche Zweisprachigkeit für ein anderes Sachfach in der Fremdsprache Polnisch wurde auf einen späteren Zeitraum verschoben.

Die Integration dient nicht vordergründig dem Aufbau und der Entwicklung einer Schule, sie ist also kein Selbstzweck. Integration ist eine gemeinsame Notwendigkeit zwischen Partnern in der Gesellschaft und eine Vorbereitung auf ein sich vergrößerndes, einheitliches Europa, trotz aller weiterbestehenden nationalen Besonderheiten.

Internationalität

Die Internationalität und die Integration stellen eine Möglichkeit dar, die Forderungen der Artikel 126 und 127 des im anderen Kapitel angeführten Vertrags von Maastricht: „Die Entwicklung einer europäischen Dimension" umzusetzen.

Um eine vielfältige internationale Zusammenarbeit ist die Europaschule „Marie & Pierre Curie" sehr bemüht. Sie erkannte, dass das grundsätzlich ein wichtiger Bestandteil eines schulischen Profils sei. Innerhalb ihrer Schulzeit sollten Schüler wenigstens an einer internationalen Begegnung teilgenommen haben. Das ist eine weitere Möglichkeit die Toleranz und Akzeptanz gegenüber anderen Ländern, Sprachen, Menschen und Kulturen zu fördern. Im Prozess des Erlebens des Anderen setzt auch ein angestrebtes Nachdenken über sich selbst ein. Dadurch können im Schüler neue Ansichten und Einsichten ausgelöst werden und nebenbei die erlernten Sprachkenntnisse zur Anwendung kommen.

Da Polen der unmittelbare Partner ist, waren und sind die Verbindungen zu den polnischen Lyzeen besonders vorrangig:

- In Wettkämpfen, Sprach-, Kunst-, Kultur- und Ökologielagern, bei allen Programmen des Schüleraustauschs mit gemeinsamem Unterricht sowohl an der deutschen, als auch an den polnischen Schulen treffen die Schüler aufeinander. Zum Beispiel die Euroregion, das deutsch-polnische Jugendwerk und das Bildungsministerium halfen bei der Planung, Umsetzung und Finanzierung solcher Projekte mit. Dadurch konnten diese Austauschprogramme jährlich einige Male mit unterschiedlichen Schülergruppen durchgeführt werden.

- Bereits 1990 wurde die Stiftung Kreisau für europäische Verständigung durch den Club der Katholischen Intelligenz Wroclaw gegründet. In dieser Stätte der Begegnung verbrachten deutsche und polnische Schüler zusammen immer wieder einmal eine bestimmte Anzahl von Tagen. Ziel war es, auch mit diesem Mittel die Toleranz und das Zusammenleben der Völker zu fördern.

- Regelmäßig trafen sich die Schulleiter zum Erfahrungsaustausch in Arbeitsgesprächen. Die Fachlehrer stimmten sich über die Lehrpläne, Methoden, Didaktik und anderes mehr ab.

Neben Polen bestanden und bestehen, es ändert sich auch fließend von Fall zu Fall, lebendige Schulpartnerschaften zu den Ländern:

Frankreich, Österreich, England, Italien, Slowakei, Schweden, Norwegen, Tschechien, Ukraine, Niederlande, Belgien und Weißrussland. Diese umfangreichen, wechselseitigen Austauschprogramme hauptsächlich für die Schüler, aber auch für die Lehrer und interessierten Eltern, drohten im Schulalltag unübersichtlich zu werden oder in einen Aktionismus abzugleiten. Deshalb wurde bereits 1995 an der Schule ein Ausschuss für Koordinierung gebildet. In diesem waren für einzelne Länder oder Ländergruppen Verantwortliche benannt, die Vorschläge, Maßnahmen, Abläufe, Möglichkeiten der Finanzierung und Förderung und anderes mehr erarbeiteten, unterbreiteten und halfen mit umzusetzen. Weiterhin hielten sie im Auftrag der Schule den ständigen persönlichen Kontakt zu ihren Partnerschulen in dem jeweiligen Land. Neben ihren eigentlichen Aufgaben, die Schüler vor allem im Unterricht zu bilden und im Schulprozess mitzuerziehen, leisteten die meisten Lehrer dieser Schule eine hohe, unbezahlte, freiwillige Arbeit im Interesse der Schüler, der Schule, der Gesellschaft, wie auch im eigenen Interesse. Für den Autor ist es nicht nachvollziehbar, dass gerade die engagierte Arbeit dieser Lehrer keine Berücksichtigung seitens der staatlichen Stellen und der Lehrervertretungen außerhalb der Schule findet. In Würdigung ihrer Verdienste für die Gesellschaft müssten beispielsweise bei notwendigen Lehrerumsetzungen die Wünsche solcher Kollegen eine besondere Berücksichtigung erfahren.

Gute Partner fand diese Einrichtung in einer Schule aus Nordrhein-Westfalen (NRW). Beide Seiten waren bemüht, dass die wechselseitigen Vorurteile in der Gesellschaft und die in Ost und West auftretende Unwissenheit über den jeweils Anderen abgebaut werden. Wichtig erschien den Schulen, dass die sich bildende neue Mauer aus gegenseitigen Vorurteilen und dem Nichtwissenwollen über den Anderen keinerlei Bestand haben darf. Wenn zwölf Jahre nach der Wende Westdeutsche, gerade auch Lehrer, ohne Skrupel verkünden, dass sie noch nie im Osten Deutschlands waren, obwohl sie ansonsten die Welt kennen gelernt haben, dann stimmt das mehr als nur nachdenklich. Die Schulleiterin der Partnerschule in NRW, Frau Brigitte Cramer, ebenfalls aus dem Vorstand von „pro Brandenburg e.V.", begleitete die ostdeutsche Schule über mehr als zehn Jahre. Sie half als Mensch und als verantwortungsvolle Pädagogin uneigennützig bei vielen Projekten mit. Zusammen mit den Vertretern ihrer Partnerschule lebte sie die Vereinigung vor. Es war ein sehr wichtiger Beitrag im Prozess der gegenseitigen Annäherung, ohne dass eine der beiden Seiten Vorbedingungen oder Abhängigkeiten verlangte. Sie und ihr Ehemann brachten den Ostdeutschen nicht nur Verständnis und Respekt für deren Leistungen entgegen, sondern auch Hilfen. Ihnen war es zu verdanken, dass erfolgreiche polnische Abiturienten der Europaschule ein Stipendiat für ein Studium an einer Europauniversität erhielten. Mit einer anderen westdeutschen Schule nahm die Zusammenarbeit nach einigen Jahren einen anderen Verlauf. Beide Seiten bemühten sich sehr, aber beide Seiten mussten sich im Annäherungsprozess gemachte Fehler eingestehen. Trennend wirkte der anfängliche Umgang mit der polnischen Seite und dass in dem ostdeutschen Bundesland Religion nicht verbindlich als Unterrichtsfach vorgeschrieben war. Und trotzdem haben sich die Schulen in Ost und West mehr entfernt, als gegenseitig wirklich von innen heraus angenähert. Auch die folgende Aussage spiegelt nur das Bild der Gesamtgesellschaft in Deutschland wieder. Wenn der Präsident des ifo-Instituts, wie in der Märkischen Oderzeitung vom 7. Februar 2004 angeführt, verlangt, dass die Löhne in Ostdeutschland sinken müssen, dann unterstreicht das die vorherige Einschätzung nur entsprechend in wirtschaftlicher Hinsicht.

Um bei den vielen, wechselseitigen Austauschprogrammen das Erlernen der anderen Kulturkreise zu unterstützen, wurde immer versucht, die Schüler in Gastfamilien unterzubringen. Weiterhin wurde dieser Prozess mit Unterrichtsbesuchen, einem gemeinsamen Unterricht, gemeinsamen Projekten und durch eine zusammen erlebte Freizeit intensiviert. Weitere interessante Projekte waren beispielsweise:

- Trinationale Partnerarbeit der besonderen Art zwischen der eigenen Schule, dem polnischen Partnerlyzeum und den französischen Freunden wurde durch das Gustav-Stresemann-Institut für internationale Bildung organisiert und finanziert. Unter anderem trafen sich die Schüler der drei Einrichtungen auch in Strasbourg zu interessanten Seminaren und Aufgaben. Bei jeder Zusammenkunft wurde als eine gemeinsame Aufgabe von allen Schülern eine dreisprachige Zeitung erarbeitet. Darin fanden Themen wie Jugend in Europa, Kultur, Drogen, Rassismus, Medien, Europa, Ökologie, Freizeit und anderes mehr ihren Platz. Teilnehmende Schüler der deutschen Schule waren später in der Lage, mit ihrer Schulzeitung bei einem interessanten weltweiten Wettbewerb des Magazins „Der Spiegel" aus 2300 Schülerzeitungen des Jahres 1998/99 im Inhalt den 3. Platz und im Layout den 1. Platz zu erringen.

- Aber auch die Nationale Agentur für Sokrates/Comenius unterstützte die deutsche Schule als koordinierende Schule. Zusammen mit den Partnern aus den Niederlanden, Polen und Frankreich wurde eine gemeinsame, internationale Arbeit erstellt. Dieses Programm wurde nach Ablauf durch die angeführte Agentur um weitere Jahre verlängert. So konnten die Schüler und Lehrer der genannten Länder, erweitert um die Partner aus Schweden, Italien, Österreich und Norwegen, ein weiteres internationales Gemeinschaftsthema in einem gemeinsamen Projekt bearbeiten.

- Eine andere Form der gemeinsamen Partnerarbeit war das internationale Sonnenbergprojekt. In gemischten Gruppen von Schülern aus Deutschland, darunter auch von der angeführten Europaschule, den Niederlanden, Polen, Italien und Norwegen wurden eine Woche lang die unterschiedlichsten Probleme diskutiert und in vielfältigsten Formen (Exkursionen, Seminaren,

Vorträgen, Gruppenarbeiten, Referaten...) bearbeitet. Es waren Themen wie: „Aus unserem bewegten Leben – Jugendliche mischen sich ein" (1999); „Kriege/Konflikte in Europa – Lösungsmöglichkeiten" (2000); „Politik interessiert mich nicht oder doch?" (2001).

Bereits bei der Ernennung zur ersten Europaschule des Bundeslandes Brandenburg fanden gemeinsame Projekttage mit den Schülern aus den Partnerschulen Polens und Frankreichs statt. Diese Arbeit war eigentlich nur erst einmal ein Testvorgang. Ein Jahr danach führte die Europaschule die erste richtige Europawoche durch. Dazu waren die Partnerschulen aus sieben Ländern geladen. Täglich arbeiteten die Schüler aller Länder zusammen in Mischgruppen in verschiedenen Projekten aller Art. Hinzu kamen die Unterbringung nur in deutschen Gastfamilien und eine vielfältige, gemeinsame Freizeitgestaltung. Es wurde eine intensive, internationale Zusammenarbeit auf hohem Niveau. Diese Ergebnisse, die weit über die Schule in die Stadt und in die Region strahlten, wurden Anlass dafür, dass diese Europaschule ein eigenständiger Mitgestalter der Weltausstellung bei dem Expo-Projekt der Stadt und des Landes wurde.

Für den gesamten Zeitraum der Expo, also über einige Monate, war die Schule für alle Anfragen, Besuche, Hospitationen und anderes mehr für Vertreter von Ländern, die es wünschten, offen. Der intensivste Höhepunkt innerhalb des Projekts Expo wurde die 2. Europawoche an der Europaschule. Alle Erfahrungen der ersten gingen dabei mit ein. Kritik, wie beispielsweise, die deutschen Gastfamilien hätten zuwenig gemeinsame Zeit mit ihren Gastschülern verbringen können, wurde angenommen und vieles Positive wurde übernommen. Eine Vorbereitungsgruppe widmete sich ausführlich der breiten Palette aller anfallenden Probleme. Vertreten waren in dieser Gruppe Schüler, Lehrer, Eltern, Leitungsmitglieder, Mitarbeiter anderer Institutionen wie Jugend- oder gemeinnützige Einrichtungen in der Stadt, Vertreter des Stadtparlaments und der

Stadtverwaltung, Vertreter von Universitäten und regionalen Unternehmen. Jedes Mitglied der Gruppe trug Verantwortung für ein bestimmtes, noch überschaubares Teil des Ganzen. Keiner löste die anfallenden Fragen beziehungsweise auftretenden Probleme allein, sondern suchte sich seine Partner in den angeführten Ebenen. Solche Teilgruppen waren beispielsweise die Verantwortlichen für:

- Medien (Damit die breite Öffentlichkeit darauf vorbereitet und eingebunden wird...),

- Projekte (Welche verschiedenen Arten und Formen, mit wie viel Teilnehmern, unter welcher Leitung, an welcher die Schule unterstützenden Einrichtungen in der Stadt?),

- Unterkunft (Wer von den Eltern und Lehrern nimmt wie viel Personen aus welchem Land auf? Was übernehmen sie alles freiwillig an Leistungen? Wie leiten sie bereits vor dem Kommen die persönlichen Kontakte zu den Gästen ein; benötigen sie dabei ganz konkrete Hilfen?),

- Transfer (Müssen Anreisende vom Flughafen, vom Bahnhof abgeholt werden? Wie gelangen sie jeden Tag zur Schule, zu den Projekten und zu den verschiedenen, aber dennoch gemeinsamen Freizeitangeboten?),

- Verpflegung (Wo und was übernehmen die Gasteltern, was muss zentral abgesichert werden, für wie viel Personen zu welchen Zeiten, an welchem Ort?),

- Freizeitgestaltung (Was kann für wie viel Personen, wann und wo alles angeboten werden, wo sind die Gasteltern mit dabei?),

- Abschlussprogramm (Alle Schulen aus allen Ländern werden in ein gemeinsames Programm einbezogen. Proben und verschiedene Aufführungen wie „Schüler für Schüler", „Schüler für die Eltern, Lehrer, geladenen Gäste", „Schüler für die Stadtbevölkerung"...),

- Projektvorführungen (Alle Projekte werden am letzten Projekttag für alle Teilnehmer und Gäste präsentiert...),
- Schutz und Sicherheit (Wer sichert, welche Veranstaltung mit welchen Kräften und wie ab?),
- Finanzen (Wo gibt es, wodurch, welche Fördermittel; Antragsstellungen in welchen Zeiten mit welchen Formularen, an wen und durch wen? Eigenaufkommen und Sponsoren – alles unter der Zielstellung, dass für die Gäste keine weiteren Kosten, außer der An- und Abreise auftreten...).

Aus zweiundzwanzig Schulen von sechzehn Partnerländern reisen etwa 200 Schüler, etwa 50 Lehrer, Schulleiter, Bürgermeister, Politiker zu dieser zweiten Europawoche an. Die Verständigung erfolgte über die Sprachen Deutsch, Polnisch, Englisch, Französisch und mit Mimik und Gestik. In mehr als achtzig Projektgruppen waren mehr als 1000 Schüler eingebunden, die sich über ein babylonisches, aber dennoch verbindendes Sprachengemisch verständigten. Die gemeinsame Arbeit verband die jungen Vertreter aus den vielen Ländern und ließ durch das gemeinsame und gleichzeitig Verbindende der Tätigkeiten alle sprachlichen Barrieren überwinden. Während die jungen Menschen arbeiteten, diskutierten die mitgereisten Verantwortlichen in verschiedenen Foren über die verschiedenen Schulsysteme, Bildungsangebote ihrer Länder und über die Bildung in Europa ganz allgemein.

Zehn gemeinsame Tage verbanden die Schüler aus den Ländern Europas. Viele Freundschaften hielten darüber hinaus weiter an. Deutsche Gasteltern besuchten ihre Gastkinder und wurden dort als Gäste und Freunde aufgenommen.

Ein japanisches Fernsehteam hörte von den deutsch-polnischen Projekten in diesem Bundesland. Für eine Woche drehten die Japaner an der Schule, in der Stadt und in Polen. Gerade der gemeinsame Unterricht von Deutschen und Polen interessierte sie. An drei aufeinander folgenden Tagen des 6. bis 8. August (Es waren die

Tage des Gedenkens an den Atombombenabwurf der Amerikaner auf Hiroshima und Nagasaki.) strahlte der große Fernsehsender von Tokio zur besten Sendezeit diesen Film aus. Die Mitglieder der Gruppe „Gesellschaft der Lehrer gegen Krieg" aus Osaka sahen den Film und wollten über diese Europaschule und deren Schüler mehr erfahren. Im Bildungsministerium des Bundeslandes wurde ein Diskussionstag ermöglicht. Er verband eine Schüler-, Eltern-, Lehrer und Leitungsgruppe der Europaschule und eine Gruppe angereister Wissenschaftler und Lehrer aus dem japanischen Osaka. Viele Stunden wurde gemeinsam diskutiert. Die Japaner konnten einfach nicht verstehen, dass junge Polen zusammen mit jungen Deutschen in Deutschland gemeinsam das deutsche Abitur ablegen. Fragen eines japanischen Lehrers zum Abschluss der Gespräche an die polnischen Schüler: „Aber, die Deutschen haben euch doch angegriffen, überfallen und grausam Millionen eurer polnischen Landsleute umgebracht. Wie fühlt ihr euch denn da als polnische Schüler unter den deutschen Schülern?" Die Antwort des polnischen Schülersprechers Wojtek Urlich lautete spontan: *„Wir sind keine polnischen Schüler und keine deutschen Schüler mehr, wir sind nur noch Schüler unserer Europaschule."*[5]

LETZTENS

Ich meine – ich wünsche – ich träume

Ich meine, dass wir in Deutschland trotz aller Kritik gut leben können.

Ich wünsche mir, dass alle Politiker in Deutschland nur dem Volke dienen würden.

Ich wünsche mir, dass die Bildung von allen in der deutschen Gesellschaft mit als das höchste Gut betrachtet würde.

Ich wünsche mir, dass die von mir im Buch aufgezeigten Argumente für eine grundlegende Bildungsreform in Deutschland zu einer Diskussion in der Gesamtgesellschaft anregen würden.

Ich träume von einem geeinten, menschlichen und friedlichen Europa, welches Arbeit für alle hat.

Ich träume von einem Deutschland, in welchem eine große Koalition der Vernunft wirkliche Reformen im Interesse seiner Bürger angeht und somit die Demokratie stärkt.

Ich träume von einer umfassend reformierten Bildung unter Mithilfe aller Schichten der Bevölkerung aus Ost und West unter dem Dach eines einzigen kombinierten Bildungs- und Familienministeriums des Bundes in Deutschland.

**Vor allem an der Bildungspolitik
scheiterte im Jahre 2005
eine Reform des deutschen Föderalismus**

ANMERKUNGEN

ERSTENS
Das Schulwesen ist Ländersache
(1) Märkische Oderzeitung (MOZ), 10.10.2003 („Viele Schulabbrecher, wenige Abiturienten – Erster Bildungsbericht deckt gravierende Mängel auf...", dpa); vgl. dazu auch: Bildungsbericht warnt vor „schwerwiegenden Fehlentwicklungen", PISA-News: dpa-Meldungen, Darmstadt 2003 (*http://www.skh.de/pisa/dpa/03-10-10-b.htm*); vgl. dazu auch: 1. Verabschiedung „Bildungsbericht für Deutschland – Erste Befunde", KMK-Pressemitteilung, Bonn 2003 (*http://www.kmk.org/aktuell/pm031010.htm*); vgl. dazu auch: „Bildungsbericht für Deutschland – Erste Befunde", KMK, Bonn 2003 (*http://www.kmk.org/doc/publ/bildungsbericht/bildungsbericht_1610b-TeilA.pdf*)
(2) vgl. (1)
(3) MOZ, 11.9.2003 („Ein Kursbuch für die Schulpolitik – Brandenburg und Berlin stimmen ihr Bildungssystem aufeinander ab...", Dana Micke); vgl. dazu auch: MOZ, 11.9.2003 („Anforderungen an Schüler werden erhöht – Empfehlungen der Bildungskommission Berlin-Brandenburg"); vgl. dazu auch: Mehr Unterricht gegen Sprachprobleme, dpa-Meldungen, Berlin 2003 (*http://www.lehrer-online.net/dyn/9.asp?url=370613.htm*)
(4) vgl. (3)
(5) MOZ, 6./7.9.2003 („Schulen sollen mehr Deutsch lehren")
(6) vgl. (1)
(7) Einigungsvertrag (Staatsrecht der Bundesrepublik Deutschland), Bundeszentrale für politische Bildung, Berlin/Bonn 1990 (*http://www.bpb.de/wissen/BJPZYZ,O,O,Einigungsvertrag.html*)
(8) vgl. (7)
(9) vgl. (7)
(10) vgl. (7)
(11) vgl. (7)
(12) vgl. (7)
(13) vgl. (1)
(14) vgl. (2)
(15) MOZ, 30./31.10.2003 („Nicht die Lehrer, der Minister sollte nachsitzen – GEW weist Kritik von Steffen Reiche zurück")
(16) vgl. (1)
(17) MOZ, 17.11.2003 („Wir brauchen wieder eine Elite" – Pädagogen von naturwissenschaftlich orientierten Ost-Gymnasien...", Karin Sandow); vgl. dazu auch: Frankfurter Allgemeine Zeitung (FAZ), 9.1.2004 („Elite

von unten – Eine Hochschulreform muss andere Wege gehen", Paul Nolte)
(18) vgl. (1)
(19) MOZ, 4.12.2003 („Deutsche Schulen hinter der Zeit zurück – OECD-Experten geben vernichtendes Urteil ab"); vgl. dazu auch: MOZ, 5.12.2003 („Künftig Standards für Abschluss in der 10. Klasse – Einheitliche Regelungen in den Fächern Deutsch, Mathematik und erste Fremdsprache"
(20) Oskar Negt: Arbeit und menschliche Würde, Göttingen 2001, Umschlagtext
(21) Die Welt (Literarische Welt), 10.1.2004 („Luftig-duftig, superzart – Peter Sloterdijk schäumt kunstvoll und äußerst optimistisch", Hans-Jürgen Heinrichs); vgl. dazu auch: Der Spiegel, 2.11.1998/Nr. 45 („Der Nabel der Welt", Rüdiger Safranski); vgl. dazu auch: MOZ, 16./17.10.1999 („Sloterdijks neuer Mensch – Ein streitbarer Philosoph...", Claus Dreckmann)
(22) vgl. (21)
(23) Der Vertrag von Maastricht – Teil I, GLASNOST, Berlin 1992 *(http://www.glasnost.de/db/Europa/92maastricht1.html)*; vgl. dazu auch: Bildungsprogramme der Europäischen Union Sokrates und Leonardo, Europäische Kommission, Brüssel 2000 *(http://www.lsr-noe.gv.at/vorlagen/EU/eu_bildungsprogramme.pdf)*; vgl. dazu auch: Die Anhebung des Europabewusstseins durch die Integration der europäischen Dimension in das Bildungswesen, Oliver Haus und Bart Hempen, Europahaus Burgenland – Institut für politische Bildung, Eisenstadt (Österreich) 2000 *(http://www.europahausburgenland.net/Projekte/Q-D18a.htm)*
(24) vgl. (1)
(25) Grundgesetz (GG), München, 35. Auflage, 1998, S. 13
(26) Dalai Lama: Das Buch der Menschlichkeit – Eine neue Ethik für unsere Zeit, Bergisch Gladbach 2000, S. 251
(27) Berliner Zeitung, 20.10.2000 („Eltern und Schulen sind längst überfordert", Paul Spiegel)
(28) vgl.: Präsident Chirac fordert ein Gesetz zum Verbot religiöser Symbole in Schulen – auch die meisten Franzosen lehnen zur Schau getragene Kopftücher oder Kreuze ab, Sabine Heimgärtner, Paris 2003 *(http://missione.de/notiziario%20religioso/2003/dicembre%202003/htm#Toc59597216)*
(29) MOZ, 21.7.2004 („Berlin plant Verbot religiöser Symbole")
(30) MOZ, 7.1.2004 („Wir brauchen weitere Reformen – Bischof Huber im MOZ-Interview...", Alexander Gallrein)
(31) Die Welt (Literarische Welt), 10.1.2004 („Kreuz und Kopftuch", Krauses Klartext, Tilman Krause)
(32) vgl. (31)
(33) Birgit Lahmann und Ute Mahler (Fotos): 125 Jahre Hermann Hesse/

Teil 3 – „Von Buddha gereinigt und vom Heiland erlöst", in: Der Stern, 29/2002
(34) vgl. (1)
(35) MOZ, 11.12.2003 („Gemeinsame Lehrpläne stehen zur Diskussion – Grundschul-Standards für vier Bundesländer")
(36) Weiterentwicklung des Schulwesens in Deutschland seit Abschluss des Abkommens zwischen den Ländern der Bundesrepublik zur Vereinheitlichung auf dem Gebiete des Schulwesens vom 28.10.1964 i.d.F. vom 14.10.1971 – Beschluss der KMK vom 10.5.2001, Sekretariat der KMK, Bonn 2001 *(http://www.leb.bildung-rp.de/info/sonstiges/kmk/beschluss/ kmk_weiterentwicklung.pdf)*
(37) vgl. (36)
(38) vgl. (36)
(39) vgl. (35)
(40) vgl. (36)
(41) vgl. (18)
(42) GG, München, 35. Auflage, 1998, S. 36
(43) GG, München, 35. Auflage, 1998, Vorwort, S. VIII
(44) Antrag (Drucksache 16/437) betreffend Weiterentwicklung der gemeinsamen Bildungsplanung von Bund und Ländern, die künftige Rolle der KMK..., Fraktion Bündnis 90/Die Grünen, Hessischer Landtag, 2003 *(http://www.hessischer-landtag.de/dokumente/Plenarsitzungen/00437.pdf)*
(45) vgl. (44)
(46) vgl. (44)
(47) Peter Struck: Taugt die Schule des 20. Jahrhunderts noch für das 21. Jahrhundert?, in: Demokratie braucht Erziehung, Dokumentation der Bildungskonferenz der SPD Brandenburg, Potsdam 2001, S. 23 *(http:// www.spd-brandenburg.de/termine/Bildungsbroschüre.pdf)*
(48) vgl. (7)
(49) GG, München, 35. Auflage, 1998, S. 65
(50) vgl.: Bildungsprogramme der Europäischen Union Sokrates und Leonardo, Europäische Kommission, Brüssel 2000 *(http://www.lsr-noe.gv.at /vorlagen/EU/eu_bildungsprogramme.pdf)*

ZWEITENS
Teilübernahme des Bildungswesens der DDR
(1) vgl.: Schule im Umbruch: Unterrichtende und Unterricht in den neuen Bundesländern während und nach der Wiedervereinigung, Heike Kaack, Berlin 2002 *(http://hsozkult.geschichte.hu-berlin.de/zeitschriften/id=257& count=1&recno=1&ausgabe=1117)*

(2) vgl. (1)
(3) Gerhart Maier: Die Wende in der DDR, in: Reihe Kontrovers, Bundeszentrale für politische Bildung, Bonn 1990, S. 28
(4) vgl. (1)
(5) vgl. (1)
(6) vgl. (1)
(7) vgl. (1)
(8) MOZ, 28./29.2.2004 („Zusammenarbeit in der Bildung vereinbart – Berlin und Brandenburg planen gemeinsam")
(9) Peter Struck: Erziehung zwischen Kardinal- und Sekundärtugenden zwischen gestern, heute und morgen, in: Demokratie braucht Erziehung, Dokumentation der Bildungskonferenz der SPD Brandenburg, Potsdam 2001, S. 41-42 (*http://www.spd-brandenburg.de/termine/Bildungsbroschüre.pdf*)
(10) Peter Struck: Taugt die Schule des 20. Jahrhunderts noch für das 21. Jahrhundert?, in: Demokratie braucht Erziehung, Dokumentation der Bildungskonferenz der SPD Brandenburg, Potsdam 2001, S. 20 (*http://www.spd-brandenburg.de/termine/Bildungsbroschüre.pdf*)
(11) Dietrich Schwanitz: Bildung – Alles, was man wissen muss, Frankfurt am Main 1999, S. 395
(12) vgl. (11)
(13) Dietrich Schwanitz: Bildung – Alles, was man wissen muss, Frankfurt am Main 1999, S. 410
(14) Gerhart Maier: Die Wende in der DDR, in: Reihe Kontrovers, Bundeszentrale für politische Bildung, Bonn 1990, S. 40
(15) Zweites Deutsches Fernsehen (ZDF), Das Philosophische Quartett, 15.2.2004, („Macht Demokratie dumm? Bildung in Deutschland")
(16) Lehrplan der zehnklassigen allgemeinbildenden polytechnischen Oberschule, Mathematik Klassen 9 und 10, Ministerrat der DDR, Ministerium für Volksbildung, Berlin 1987, S. 10
(17) vgl. (16)
(18) Manfred Dennert, Brigitte Frank, Günter Lorenz und andere: Unterrichtshilfen Mathematik Klasse 8, Berlin 1986, S. 9
(19) vgl. (18)
(20) Margot Honecker: Zur Bildungspolitik und Pädagogik in der Deutschen Demokratischen Republik, Berlin 1986, S. 681 ff; vgl. dazu auch: Hans-Joachim Labs, Gerhard Dietrich, Edgar Drefenstedt, Karl-Heinz Günther, Theodor Heidrich, Albrecht Herrmann, Werner Kienitz, Horst Kühn, Werner Naumann, Wolfgang Pruß, Claus Sonnenschein-Werner, Gottfried Uhlig: Pädagogisches Wörterbuch, Berlin 1987
(21) Pioniergesetze: Pionierkalender, Berlin 1965

(22) Gerhart Maier: Die Wende in der DDR, in: Reihe Kontrovers, Bundeszentrale für politische Bildung, Bonn 1990, S. 42-43

DRITTENS
Bildungshemmnisse
(1) Karl Marx, Friedrich Engels: Manifest der kommunistischen Partei, Berlin 1969, S. 41
(2) Friedrich Kaden: Wie viel Sterne hat der große Bär?, Berlin 1974, S. 11; vgl. dazu auch: Meyers Kleines Lexikon, Leipzig 1968, S. 805
(3) Lesekompetenz – Was versteht PISA unter Lesekompetenz?, GEW Sachsen-Anhalt, Magdeburg 2002 (*http://www.gew-lsa.de/Info/2_Lesekompetenz.pdf*)
(4) Christian Herrmann in Verbindung mit der Kant-Gesellschaft, Berlin: Kant: Der Denker und Erzieher, Berlin, S. 349
(5) Anton Eigner: Arthur Schopenhauer: Ausgewählte Schriften – Urwille und Welterlösung, Salzburg 1958, S. 76
(6) Per Hinrichs, Julia Koch, Cordula Meyer, Beate Philipp, Caroline Schmidt: Horrortrip Schule, in: Der Spiegel, 46/2003; vgl. dazu auch: Ingrid Eissele: Freiheit für die Schule, in: Stern, 26/2002
(7) vgl. (6)
(8) vgl. (6)
(9) vgl. (6)
(10) Ernst Heinrich v. Bernewitz, Konrad v. Bonin: Das Grundgesetz verstehen – Didaktisches Sachbuch zu Verfassungsrecht und Gesellschaftswirklichkeit, Reinbek bei Hamburg 1976, S. 161
(11) Peter Westen: Dieter Bohlen muss gewinnen, in: Air Berlin, 1/2004
(12) vgl. (6)
(13) vgl. (36) aus Erstens
(14) Steffen Reiche: Rede auf der Bildungskonferenz der SPD Brandenburg, in: Demokratie braucht Erziehung, Dokumentation der Bildungskonferenz der SPD Brandenburg, Potsdam 2001, S. 11 (*http://www.spd-brandenburg.de/termine/Bildungsbroschüre.pdf*)
(15) Friedrich Nietzsche: Also sprach Zarathustra, Leipzig 1930, S. 132
(16) vgl. (10)
(17) GG, München, 35. Auflage, 1998, Einführung, S. XXIII
(18) MOZ, 15.5.2002 („Einheitsschule: Streit der Parteien dauert an – Diskussion um neues Schulmodell endet mit Vorwürfen")
(19) Hartmut Holzapfel: Koalition der Vernunft – Warum in finnischen Schulen vieles anders ist, in: Erziehung und Wissenschaft, Zeitschrift der Bildungsgewerkschaft GEW, 5/2002

(20) vgl. (18) aus Erstens
(21) Karl Jaspers: Was ist Erziehung?, München 1977, S. 171
(22) vgl. (20)

VIERTENS
Aufbruch Ost – ein Schulbeispiel
(1) Magdalena Sandecka: Schriftliche Abiturprüfung 2001, Deutsch-Leistungskurs, Guben 2001
(2) vgl. (1)
(3) vgl. (1)
(4) vgl. (1)
(5) Dagobert Schwarz: „Du hast das Recht, grenzenlos zu denken!", in: Schul-Verwaltung, Zeitschrift für SchulLeitung, SchulAufsicht und SchulKultur, 11/2001